I0025794

ARMORIAL GÉNÉRAL

DE

L'ANJOU

D'APRÈS

LES TITRES ET LES MANUSCRITS DE LA BIBLIOTHÈQUE NATIONALE,
ET DES BIBLIOTHÈQUES D'ANGERS, D'ORLÉANS, ETC.
LES MONUMENTS ANCIENS,
LES TABLEAUX, LES TOMBEAUX, LES VITRAUX, LES SCEAUX,
LES MÉDAILLES, LES ARCHIVES, ETC.

PAR

M. Joseph DENAIS

OFFICIER D'ACADÉMIE,
Chevalier de l'ordre pontifical de Saint-Grégoire-le-Grand,
Membre de la Commission Archéologique de Maine-et-Loire, de la Société des Antiquaires de l'Ouest,
des Antiquaires de Normandie, des Sociétés historiques et archéologiques du Maine,
de Touraine, du Limousin, etc.
Membre de l'Académie Royale Héraldique italienne.

—⚬+⚬—

SEIZIÈME FASCICULE

S° L?m
?6?
A

ANGERS.

GERMAIN ET G. GRASSIN, IMPRIMEURS-LIBRAIRES
RUE SAINT-LAUD.

—

1884

L'auteur de l'Armorial voudrait avant tout faire une œuvre consciencieuse, exempte, s'il était possible, d'omissions et d'erreurs. Il s'adresse à toutes les familles qui ont le droit de voir figurer leur nom dans cette publication, à tous les amis de l'histoire et de l'archéologie de notre province, les priant instamment de lui envoyer le plus tôt possible les renseignements, — et, s'il y a lieu, les rectifications, — qu'ils pourraient lui fournir et qu'il recevra toujours avec gratitude.

J. D.

Vieil de Chatillé.

D'argent à trois bandes de gueules.
D'Hozier, mss., p. 983.

Vieilleville (de la), v. de Scepeaux.

Vieillière (de la).

D'argent à une fasce de gueules chargée d'un limier courant élancé d'argent; accolé et bouclé d'azur.
Gohory, mss., 972, p. 81. — Roger, mss. 995, p. 20. — Gencien, mss. 996, p. 67. — V. Thory, — de Thiery, — Le Gaugneux.

Vienne (de); — dont Geoffroy, médecin de l'abbesse de Fontevraud en 1120; Herman, doyen de Saint-Martin d'Angers en 1447, médecin de René d'Anjou et curé de Villevêque; Michel, valet de chambre de René d'Anjou en 1457.

Burelé d'argent et de gueules de dix pièces, au lion de sable morné sur le tout
Devises : *Saint Georges au puissant duc. — Tout bien à Vienne. — Tôt ou tard à Vienne. — A bien Vienne.*
P. Anselme, tome II, p. 276. — J'ignore si les de Vienne, angevins, appartiennent à cette famille ou à celle de Bourgogne à laquelle Rietstap donne, p. 1083, les armes suivantes :
De gueules à l'aigle d'or membrée d'azur

Viesnes (de), v. Bonamy.

Vieumont (de) du Brossay.

D'argent à la fasce de gueules chargée d'un léopard d'azur, armé et couronné d'or.
Gaignières, Armorial, mss., p. 58. — Roger, mss. 995, p. 20. Gohory, mss. 972, p. 76. — Le mss. 995, p. 114 dit : *armé et couronné d'argent...* — Gencien, mss. 996, p. 67 dit : *le léopard d'argent armé et couronné d'azur.*

Vieu-Pont (de).

D'argent à dix annelets de gueules.
Mss. 995, p. 76.

Vieuville (de la) ; — dont un directeur de la maison centrale de Fontevrault, en 1878.

D'azur au chevron d'or accompagné de trois chats assis d'argent, les deux en chef affrontés.

Timbre : *Un casque taré au tiers et orné de ses lambrequins d'or et d'azur.*

Supports : *Deux lions.*

Cimier : *Une garde d'épée dans laquelle est passée une banderolle avec la devise.*

Devise : *Sola virtus.*

Sceau. — D. P. — V. Baude — de Scepeaux.

Vieux (de) de Montfaucon.

D'or au lion d'azur.

Mss. 703 de la Bibliothèque nationale.

Vieux (de) ; — dont Louis, chevalier de Malte en 1546.

Burelé d'argent et d'azur à l'aigle de gueules, brochant sur le tout.

Mss. 703 de la Bibliothèque nationale.

Vigné (à Saumur).

De sable à un sautoir d'argent.

D'Hozier, mss., p. 994.

Vigneau (du), v. Doublard, — du Chillau.

Vigne-gelée (de), v. de Tusseau.

Vigneux (de), v. Binet.

Vignois ou **Vignoys**; — dont Jean, chanoine de Paris, abbé de Pontron en 1565; René, médecin ordinaire du roi à Angers en 1587.

Vignolle (de la), — des Marais ; — dont un lieutenant particulier au présidial du Mans; Jean président de la chambre des comptes d'Anjou en 1467.

De sable à une branche de vigne fruittée et feuillée d'argent; enroulée à un bâton en pal aussi d'argent.

Mss. 993. — V. de Maliverne.

Vignon ; — dont Jean, conseiller du roi à Château-gontier, en 1698.

D'azur à un lion contourné d'argent; accompagné de trois étoiles d'or posées deux en chef et une en pointe.

D'Hozier, mss., p. 432.

Vigré (de) de la Devansaie ; — dont Jean, un des cent gentilshommes de la garde du corps de la reine-mère, 1634 ; François, chevalier licencié ès-lois, sénéchal de la seigneurie de la Forêt, 1675.

D'or au pin de sinople chargé de trois pommes au naturel et de trois merlettes de sable posées deux en chef et une en pointe.

Audouys, mss. 994, p. 63. — Roger, mss. 995, p. 18. — Le mss. 995, p. 112 et Gencien, mss. 996, p. 33 disent : *burelé d'or et de sinople au lion d'azur armé et lampassé de gueules.* — Gencien, mss. 996, p. 68, Gaignières, Armorial, mss., p. 15 et Gohory, mss. 972, p. 88, ajoutent : *une étoile de gueules à dextre et à senestre une rose aussi de gueules...* — Le mss. 703 dit : *le champ d'argent et les ailes des merlettes aussi d'argent* et M. de Courcy, Armorial de Bretagne, *le champ d'argent.* — V. du Bois-Béranger.

Viguier de la Motte, — de Nigelle.

D'or au chef de gueules à la bande componée d'argent et de sable à la bordure de France.

Mss. 439.

Vihers (de), v. de Poitiers.

Vihiers (de), v. de Turpin, — Malineau.

Vihiers (la ville de).

Losangé d'or et de gueules.

D'Hozier, mss., p. 654. — Ce sont les armoiries des Turpin de Crissé qui possédèrent Vihiers du xiv° au xvii° siècle. — V. Turpin, — Malineau.

Vilaine (de la), v. de Ghaisne, — Jarret.

Vilaines (de).

Fretté d'argent et de sable au chef d'argent chargé d'un lion naissant de gueules.

Gencien, mss. 996, p. 67. — V. Champaigne.

Vilate (de la), v. de Cambourg.

Viliers (de), v. de Villiers.

Villancrau (de), v. de Couaisnon ou de Couasnon.

Villars (du).

De gueules au chevron palé d'argent, le chef chargé de trois molettes d'éperon de sable.

Mss. 993. — V. Brancas.

Villasselin (de), v. Le Gouz.

Villatte (de la), v. de l'Espinay, — Brillet.

Ville (de la).

De gueules à deux fasces crénelées d'argent et maçonnées de sable.

D'Hozier, mss., p. 1279.

Ville-au-Fourrier (de la), v. de Broc.

Ville-aux-Anglais (de la), v. de Bouillé.

Ville-aux-Blancs (de la), v. Boucault.

Ville (de la) de Baugé, — du Ferolle, — d'Avoir.

D'argent à la bande de gueules.
Mss. 703 de la Bibliothèque nationale.

Villebernis (de), v. Chauveron.

Villebiod (de la), v. Guillemot.

Ville-Blanche (de la) du Plessis-Barbe.

De gueules au chevron d'argent chargé d'un autre chevron d'azur accompagné de trois quintefeuilles d'or.
Mss. 995, p. 54. — V. de Boulleuc.

Villeblanche (de) de la Porte Saint-Georges, — du Mesnil, — de Broon.

De gueules à la fasce d'argent accompagnée de trois hures de saumon de même en face, posées deux et une.
Mss. 703 de la Bibliothèque nationale.

Villebois-Mareuil (de), — de la Gillière ; — dont Pierre, chevalier de Saint-Lazare, 1789.

D'azur à une ville fortifiée d'un donjon et de deux tourelles d'argent maçonnées de sable ; à un arbre issant du sommet du donjon, accompagné en chef à dextre d'une hure de sanglier, à senestre d'une guêpe, le tout d'or.
Sceau. — V. de Mareuil, — Le Cieste.

Villeboisnet (de), v. Espivent.

Villeboschet, v. Allaneau.

Villebrême (de).

D'or à un serpent ailé de gueules posé en pal.
Sceau.

Villechesne (de), v. Baudin.

Ville-Comble (de), v. de Beaumont.

Villedé (de), v. Barré.

Villedié (de), v. Estart.

Villedieu (de la), v. Gilllier.

Villefort (de), v. Camus, — Bannel.

Villefranche (de), v. de Saint-Phalle.

Villegaye (de), v. Andebault.

Villegomblain (de).

De gueules à trois mains adextrées d'argent.
Gencien, mss. 996, p. 68.

Ville-Gonthier (de la).

D'argent à un chevron d'azur et un chef de même chargé d'une fleur de lis d'or.

D'Hozier, Armorial mss. Bretagne, tome II, p. 132.— Une note mss. de M. de Crochard dit :

De gueules à la fasce d'argent accompagnée en pointe d'un croissant d'argent.

V. Simon, — de la Marqueraie, — de Saint-Georges.

Villegrand (de), v. de la Barre, — Guérif.

Villegraton (de), v. Boisard.

Villeguiers (de), v. Jousses.

Villeguyenais (de la), v. Pierre.

Villejuif (de), v. de Bragelonne.

Villemangé (de), v. de Houllières.

Villemereau (de), de la Fuye.

D'argent à trois papegeais de sinople posés deux et un.

Roger, mss. 995, p. 12. — Gaignières, Armorial mss., p. 36. — Mss. 995, p. 105. — Gohory, mss. 972, p. 84.

Villemers (de), v. Bault.

Villemoisan (de), v. de l'Hommeau.

Villeminseul (de), v. de Begeon.

Villemor (de) de Poix.

De sable à la fasce d'argent accompagnée de trois aigles éployées d'or.

Carré de Busserolle, Armorial de Touraine.

Villemorge (de), v. Rousseau, — Brillet, — Provost, — de Juigné.

Villeneuve (de), v. Le Porc, — de Goué, — Berthelot, — Beschard, — de Courson.

Villeneuve (de), de Cazeau, — de la Rochardière, — de Coué, — des Touches, — du Boisgroleau, — de la Renaudière, — du Vivier; — dont Louis, chevalier de Malte en 1624.

De gueules à trois chevrons d'argent chargés de quinze mouche-tures d'hermines de sable posées sept sur le premier chevron, cinq sur le deuxième et trois sur le troisième.

Mss. 439. — D'Hozier, mss., pp. 318, 324, 115, 87. — Gaignières, Armorial mss., p. 30. — Gohory, mss. 972, p. 66. — Armorial, mss. de Dumesnil, p. 19. — Roger, mss. 995, p. 6. — Mss. 995, p. 92. — Gencien, mss. 996, p. 66. — Mss. 703.

Villeneuve-Ghigné (de), v. Rabault.

Villenglose (de), v. de la Lande.

Villenoble (de), v. de la Genouillerie, — de Martigné.

Ville-Prouvaire (de), v. d'Escuillé.

Villeprouvée (de), de Trèves, — de Quincé, — de Neuville; — dont Aliénor, abbesse de Nyoiseau en 1419.

De gueules à la bande d'argent accostée de deux cotices d'or.

Roger, mss. 995 p. 3. — Gaignières, Armorial, mss. p. 18. — Mss. 993. — Gohory, mss. 972, p. 19. — Mss. 995, p. 90. — Gencien, mss. 996, p. 66. — Le mss. 703 dit :
De gueules à la croix ancrée d'or.

Villequier (de), — de Cholet, — de la Guerche.

De gueules à la croix fleuronnée d'or accompagnée de douze billettes de même.

Mss. 995, p. 74. — Le mss. 703 dit *d'azur* au lieu *de gueules.*

Villeray (de), v. Drouet, — Riants.

Villerois (de), v. Neuville.

Villeromain (de), v. de Maillé.

Villers (de), v. Guilhe-la-Combe.

Villeseptier (de), v. Barguin.

Villettes (de), v. de Baubigné, — Le Devin, — Audouin, — de l'Epinay, — Breillet, — Cesbron, — Mothais.

Villettes (de) de Vernet.

D'azur à la croix engrelée d'argent.
Mss. 993.

Villermois (de).

D'argent au lion de gueules cantonné de cinq besans de sable, deux en chef et trois en pointe.
Mss. 993.

Villiers (de), du Teil, — de Fourmeslay, — de la Menuiserie, — de Manquelle, — de Gaufouilloux, — de la Meriguière, — de la Graffinière, — de l'Auberdière ; — dont trois chevalier de Malte; Claude en 1647; Jean en 1531; Charles en 1661 ; François, abbé de Toussaint d'Angers, 1513.

D'argent à la bande de gueules accompagnée à senestre du chef d'une rose de même.

Gaignières, p. 73. — Mss. 703. — Mss. 993, p. 116. — Gencien, mss. 996, p. 67. — Armorial mss. de Dumesnil, p. 19. — D'Hozier, mss., p. 294.

Villiers (de) de Laigné-le-Bigot, — du Hommet ; — dont Jean, connétable héréditaire de Normandie en 1400.

Fascé d'argent et d'azur.

Mss. 703 de la Bibliothèque nationale. — V. de Marconnay, — Jousses.

Villiers (de) de l'Ile-Adam, — du Teil.

D'or au chef d'azur chargé d'un dextrochère d'argent mouvant à senestre sur le chef, la manche revêtue d'un fanion ou manipule de même pendant sur l'or jusqu'à la pointe de l'écu.

Gohory, mss. 972, p. 100. — Le mss. 993 intervertit les couleurs du champ et du chef.

Villiers (de) de Fourmeslay, — de Manquelle.

D'argent à la bande de gueules, chargée d'un croissant d'argent, accompagné d'une rose aussi de gueules.

Sceau ancien. — V. de Brechanon, — Merault, — Courtin, — du Bouchet, — de Huillé.

Villiers-Rozières (de), v. de Guerrin.

Villoutreys (de), — de Chaudron, — du Bas-Plessis, — de Châteaugontier ; — dont Joseph, l'un des deux cents Chevaux-légers de la garde ordinaire du roi, en 1688.

D'azur à un chevron d'or accompagné en chef d'un croissant entre deux étoiles d'argent, et en pointe d'une rose aussi d'argent.

Mss. 703 de la Bibliothèque nationale. — D'Hozier, arm. mss. (Paris, tome I, p. 601) dit le *chevron d'argent.* — Sceau. — V. Hubert, — Bagnolet.

Villoiseau (de); — dont Michel, évêque d'Angers en 1240.

De gueules à une bande d'or.

Une note du mss 993 attribue ces armes à l'évêque d'Angers, d'après un vitrail de Saint-Julien du Mans, qui représente la

Translation de saint Julien où Michel assistait en 1254, bien que l'Armorial des évêques d'Angers. par Msr X. Barbier de Montault (Rép. archéol. 1863, p. 271), déclare les armoiries de ce prélat inconnues, de même que M. Cél. Port. — Dans l'Armorial du Maine de Cauvain, on attribue ces armoiries, répétées huit fois dans les vitraux de la fenêtre à l'extrémité du chœur, à Geoffroy de Loudon, évêque du Mans, peut-être avec plus de vraisemblance.

Vimais (Jean), monnayeur à la monnaie d'Angers en 1688.

D'argent à une croix de sable chargée de cinq étoiles d'or.

D'Hozier, mss., p. 937.

Vincent (Urbain), curé de Notre-Dame-du-Marillais en 1688.

De gueules à trois tours d'or posées deux et une.

D'Hozier, mss., p. 916.

Vinet de la Musse.

D'argent à trois merlettes de sable, posées deux et une.

Roger, mss. 995, p. 11. — Gohory, mss. 972, p. 60. — Gaignières, Armorial mss., p. 24. — Mss. 995, p. 118. — Gencien, mss. 996, p. 67.

Vineuse (de la), v. de Chezelles.

Violleau (à Bourgueil).

D'argent à une fasce échiquetée d'or et de gueules.

D'Hozier, mss., p. 1021.

Viollet; — dont Pierre, entrepreneur des ouvrages pour le roi à Saumur en 1700.

D'azur à une croix d'argent cantonnée de quatre trèfles de même.

D'Hozier, mss., p. 1033.

Vion (de), v. du Plessiss.

Vioné (du), v. de Quatrebarbes.

Vioran (de), v. de Mauguy.

Viré (de), v. des Seillons.

Visque (de), v. Birague.

Vitray (de), v. Binet.

Vitré (de).

De gueules au lion d'argent, armé, lampassé et couronné d'or.

Cartulaire de Montguyon (1209), cité par Gencien, mss., p. 68.
— Le mss. 995, p. 75 dit... *le lion d'or...*

Vivien (de), v. Escherbot, — de Cossé.

Vivier (du), v. Goyet, — de Reboul, — de Villeneuve.

Vivier (du) de la Roulinière.

D'azur à trois côtes de baleines d'argent posées en fasce l'une sur l'autre.

D'Hozier, mss., p. 620.

Vivier (du) des Landes, — v. Le Clerc.

Vivode (de), v. de Savary.

Vivonne (de), v. de la Rochechouart.

Vogerie (de la), v. Bahourd.

Voisin (de), v. de Cherité.

Voisin de Sansay (à Angers).

D'hermines à une fasce fuselée de gueules.

D'Hozier, mss., p. 919.

Voisin de la Roberdière ; — dont Claude, docteur agrégé de la faculté d'Angers, en 1689.

De gueules à un croissant d'argent.

D'Hozier, mss., p. 975.

Voisine (de), v. de Clinchamps.

Voisinnière (de la), v. Cesbron.

Volaige, v. Vollaige.

Volaine (de), v. Jouen, — Gilles.

Vollaige ou **Vollage** de Vaugirault.

D'azur à la fasce d'argent chargée d'un cœur de gueules et accompagnée en chef de deux roses et en pointe d'un croissant d'argent.

Peinture de portraits de 1616 conservés au château de la Perraudière. — D'Hozier, mss., p. 55 dit :

De gueules à une aigle à deux têtes et le vol abaissé d'or chargée sur l'estomac d'un écusson d'azur chargé d'une fasce d'argent surchargée d'un cœur de gueules.

Vollaige ou **Vollage** de Ciergé.

D'or à trois aigles de sable.

D'Hozier, mss., p. 937.

Volland (Louis), chanoine de Saint-Denis, de Doué, en 1700.

D'azur à un chevron d'or accompagné de trois épis de blé de même.

D'Hozier, mss., p. 1018.

Vollerie (de la), v. de Piedouault.

Volvire (de), de Brassac, — de Ruffec ; — dont Jean, baron de Ruffec, chevalier du Croissant.

Burelé d'or et de gueules.

Mss. 993 et 999. — D'Hozier, mss. (Limousin), p. 82. — Le même à la page 295, dit : *D'or à une jumelle de sable accompagnée en chef d'un croissant d'azur, accostée de deux étoiles de même et en pointe d'une étoile aussi d'azur accostée de deux croissants de même.*

Vrigné (de).

D'azur à deux genets passant l'un sur l'autre.

Roger, mss. 995, p. 15.

Vrigné ou **Vrigny** (de) de Moire ou Mouère, — de Sourdre.

D'argent à six chevrons de gueules.

Gaignières, Armorial, mss., p. 71. — Roger, mss. 995, p. 15. Mss. 993. — Mss. 995, p. 94. — Gencien, mss. 996, p. 67. — Gohory, mss. 972, p. 25. — Le même, p. 22 dit :
D'azur à deux janettes d'argent.

Vrigny (de), v. de Houdan.

Vrillère (de la), v. Frain.

Vrillière (de la), v. de Rigné.

Vritz (de), v. Simon, — de l'Epronnière.

W

Walsh (de) ; — dont Antoine, chevalier de saint Louis
en 1789.

D'argent à la croix de sable chargée de cinq lions d'or.

Walsh de Serrant, — de Champtocé ; — dont Antoine,
maréchal de camp, 1789.

*D'argent à un chevron de gueules accompagné de trois fers de
lance de sable posés deux en chef et un pointe.*

Cimier : *Un cygne dont le cou est transpercé d'une flèche.*

Devise : *Transfixus sed non mortuus.*

Versailles (Peintures salle des Croisades) et château de Serrant.

Wismes (de), v. de Bloquel.

Y

Yon (Jean), curé de Chazé-Henry, en 1688.

D'azur à un chevron accompagné en chef de deux coquilles et en pointe d'une rose le tout d'or.

D'Hozier, mss., p. 875.

Yver des Rivières.

D'azur à une fasce d'or accompagnée de trois étoiles de même, deux en chef et une en pointe.

D'Hozier, mss. p. 341.

Yvetot (d').

De gueules à trois levrettes d'argent.

Mss. 995, p. 69. — V. Chenu.

Yvoy (d'), v. Rabault.

Yzier (des), v. Pillot.

ERRATUM

————

ADDITIONS ET CORRECTIONS [1]

————

Achard de la Haie, — de Ligné, — de Pierron-en-Verrue (Saumurois).

D'azur au lion d'argent armé, lampassé de gueules, deux fasces de gueules brochant sur le tout.

Beauchet–Filleau, Armorial du Poitou.

Achon (d'). — Les armoiries actuelles sont :

D'azur à deux léopards d'or.

Une famille éteinte se rattachant aux d'Apchon d'Auvergne portait les armoiries empruntées à Audouys et citées dans l'Armorial de l'Anjou, tome I, p. 22. Le mss. 995 dit manifestement à tort : *D'or à six fleurs de lis d'or, trois, deux et une.*

————

(1) Dans chaque fascicule de notre *Armorial*, dans nos correspondances particulières, nous avons constamment supplié tous nos lecteurs de vouloir bien nous signaler les omissions ou les erreurs qui doivent inévitablement, et malgré tous les efforts de l'auteur, être relevées dans un ouvrage de ce genre. Divers journaux et revues que nous tenons à remercier ici ont bien voulu déjà signaler notre *Armorial* et nous apporter le concours de leur publicité ; nous citerons la *Revue de l'Anjou*, la *Revue de l'art chrétien*, le *Français*, la *Revue du Maine*, le *Journal d'Indre-et-Loire*, la *Défense*, le *Journal des Villes et des Campagnes*, la *Patrie*, le *Figaro*, l'*Étoile*, le *Journal de Maine-et-Loire*, l'*Union de l'Ouest*, l'*Anjou*, le *Giornale araldico* de l'Académie royale héraldique de Pise, etc. Nous consignons ici les notes qui proviennent soit des communications, que nous avons pu obtenir par ces divers moyens, soit de nos observations personnelles.

Adigard [tome I, p. 24] ; ajouter : Adigard des Gauteries.

Aligre (d'), [tome I, p. 28] ; ajouter :

Non uno gens splendida sola.

Ambrières (d'), v. Gouin.

Amenard [tome I, p. 33] ; ajouter : Jean qui se distingua contre les Anglais en 1423, v. Bouillé-Aménard.

Amiot de l'Ansaudière (id.).

D'argent à trois rocs d'échiquier de gueules, posés deux et un.

Andigné (d'), [tome I, p. 37], porte actuellement pour cimier *une aigle,* au lieu d'un lion.

Ange, — Le Prevost [tome I, p. 39] ; corriger ainsi : *Le Prévost d'Augé,* v. Le Prevost.

Angers, Université [tome I, p. 42], ligne 15 : lire *la Nation* de France EN l'Université d'Angers.

Angers [tome I, p. 48], ligne 32 ; lire : *religieux* au lieu de religieuses de N.-D. de la Haye.

Angerville (d') de la Maroutière ; — dont un électeur de la noblesse d'Anjou en 1789.

D'argent au lion de sable chargé d'un écu du champ ; fascé de gueules de trois pièces.

Note mss. de M. de Crochard.

Angier de Lohéac, [tome I, p. 61], ligne 19 ; compléter ainsi : mss. 993 et 995, p. 72. Audouys, mss. 994, p. 5, le même p. 140, le mss. 995, p. 77 et Gencien, p. 55 omettent *le croissant*.

Anthenaise (d'), [tome I, p. 67] ; ajouter aux noms féodaux : de Bazougers ; — dont Hamelin, croisé en 1066.

Aquin (d') — La planche 12 a une faute de dessin : les quatre piles renversées doivent être appointées vers le chef de l'écu, partant du bas, en forme de chevron.

Arbaleste de Melun, — de la Menardière, en Anjou.

D'or au sautoir de sable cantonné de quatre arbalètes de gueules.

De Courcy, Armorial de Bretagne.

Arthuys de Fontenelles.

De gueules à une foi tenant une épée haute, autour de laquelle s'entortille un serpent, l'épée accompagnée de deux cornes d'abondance passées en sautoir dans les mains.

Sceau. Communication de M. P. de Farcy.

Athée-sur-Oudon (d'), v. de Madaillan.

Augier. — La planche 13 a une faute de dessin. Les trois croisillons doivent être posés en pal l'un au-dessus de l'autre.

Avort (d') de Cré, — de la Fosse.

Bagnolet. — Les roses de la planche 14 ne doivent avoir ni tiges, ni feuilles.

Baïf (de). — La planche 14 a une faute de dessin : les deux lions doivent être posés l'un au dessus de l'autre.

Bailly (de); — dont un abbé de Bourgueil en 1582 (famille éteinte en celle de Quatrebarbes).

D'or à la fasce d'azur chargée d'une croix ancrée d'or, accompagnée en chef de deux glands de sinople posés en bande et en barre, et en pointe un chêne de sinople.

Note mss. de M. de Crochard.

Ballarin (de) de la Bertoire.

D'azur au chevron d'or, le chef d'argent.

Note mss. de M. de Crochard.

Balzac (de) d'Illiers, — d'Entragues [tome I, p. 105].

Les armes de l'abbé de Bellefontaine étaient :

D'or à six annelets de gueules.

Note mss. du Rév. Père abbé de Bellefontaine.

Barangé ou Baranger.

D'or à l'écusson en abîme d'azur chargé d'un chevron d'argent, accompagné en pointe d'une grenade de même ; au franc quartier des barons de l'empire. Tirés de l'armée.

Rietstap, Armorial général. — Simon, Armorial de l'empire,

Barbe, — de la Forterie.

D'azur au porc-épic d'argent.

Carré de Busserolle.

Barbier du Doré.

D'azur au barbet d'or en bande, accosté en chef d'une étoile, et en pointe d'un cœur du même, ce dernier soutenu d'un croissant d'argent, le chef d'or chargé de trois roses de gueules.

P. de Courcy, Armorial de Bretagne. — Note mss.

Barjot. — A la planche 14, ce n'est pas un lion, mais un griffon qui doit être figuré.

Barnabé de la Haye, etc. V. Bernabé, [tome I, p. 165].

Baron du Verger [tome I, p. 113] ; effacer : dont un général mort en 1874.

Baudry de la Chapelle [v. tome I, p. 125].

D'or à l'arbre terrassé de sinople, au lion d'azur passant sur le tout.

A. De Soland, Bulletin historique et monumental de l'Anjou.

Bauné de Grandchamps, — de la Girodière ; — dont un garde du corps du roi.

D'azur à un sanglier d'or et trois gerbes de même, deux en tête et une en pointe.

D. P.

Bauquemare (de).

D'azur au chevron d'or accompagné de trois têtes de léopard de même posées deux et une.

De Vertot : chevaliers de Malte. — Note mss. de M. de Crochard.

Beauclerc (de) des Achères, — de Grandchamps.

De gueules au chevron d'or accompagné en chef de deux têtes de léopards, et en pointe d'un loup, le tout de même, le chef cousu d'azur chargé d'un croissant d'argent.

P. de Courcy, Armorial de Bretagne.

Beaucorps (de) de Livois.

D'azur à deux fasces d'or.

Note mss. de M. de Crochard.

Beaupoil (de) de Saint-Aulaire. — La planche 16 a une erreur de dessin : ce ne sont pas des couples de chien, mais des couples à chiens.

Beauregard (de), v. Sourdeau.

Beauregard (de) de la Tour du Bouchet (à Saumur en 1789).

D'or à trois têtes de lamproie de sable posées deux et une, et une bande d'azur brochant sur le tout.

H. Beauchet-Filleau, Armorial du Poitou.

Beauvoys (de) de la Foresterie.

D'azur au pélican d'or.

Bachelin-Deflorenne : Etat présent de la noblesse de France, en 1883.

Becdelièvre (de). — La planche 16 doit porter *deux croix de procession*, au lieu de deux épées, *au pied fiché d'argent.*

Bellefontaine, abbaye rétablie par les Trappistes en 1815 [tome I, p. 153].

Le sceau de l'abbaye qui porte l'écu sommé d'une couronne d'épines, de la mitre à dextre et de la crosse tournée en dehors (*sic*) à senestre, et timbré d'un chapeau à trois rangs de houppes, porte pour légende « Abbatia Bæ. Mæ. Belfontis de Trappa ord. Cisterc. » Maintenant le *champ de l'écu est d'azur*, et la *fontaine d'argent.*

Sceau et note mss. du Rév. Père abbé de Bellefontaine.

Berlay de Montreuil [tome I, p. 164].

M. Marchegay donne à cette famille : *d'azur à la croix ancrée et tréflée d'argent.*

Bernabé, v. Barnabé.

Berrie (de), Guillaume, abbé de Saint-Aubin [tome I, p. 168], portait :

De gueules à la bande d'or.

Carré de Busserolle, Armorial de Touraine.

Berthelot du Pasty. — La planche doit avoir les têtes de léopard, de face, et non des têtes de bois.

Bidault (à la Flèche).

De gueules à la flèche d'or en fasce coupée en deux par une épée de même en pal, la pointe en bas. Le chef d'argent chargé d'un pal de sable accosté de deux mouchetures d'hermines.

Généalogie des Cadors, d'après une note mss. de M. de Crochard.

Bidon de la Prévôterie.

D'argent au chevron d'azur, accompagné de trois trèfles de sinople.

Note mss. de M. de Crochard.

Blécourt (de) de Bétancourt.

De gueules au lion d'argent.

Abbé de Vertot : chevaliers de Malte. — Note de M. de Crochard.

Blou (de) des Aubiers.

Le sceau d'Aimery croisé en 1229 (tome I, p. 193) porte *Bandé de six pièces de...* et le contre-sceau *palé de même.*
C. Port, Diction., tome I, p. 369.

Bœuf (de) d'Albin ; — dont un électeur de la noblesse d'Anjou en 1789.

De gueules au bœuf d'or.

Note mss. de M. de Crochard.

Bœuvier de Rivaraune, — des Touches, — de Puy-sallé.

D'azur à trois têtes de bœuf d'argent couronnées d'or et posées deux et une.

Note mss. de M. de Crochard.

Bois-Airault (du), [tome I, p. 197], lisez : Fournier de Bois-Airault.

Bois-Jourdan ou **Bois-Jourdain** du), [tome I, p. 208, ligne 11], lisez :

Semé de fleur de lis d'azur à trois losanges de gueules brochant sur le tout.

Boissard (de). — La famille de ce nom actuellement en Anjou, porte les armes citées les avant-dernières de la notice du tome I, p. 211.

Bonchamps (de). — La planche 18 doit avoir les triangles entrelacés, de telle sorte que toutes les pointes soient en saillie au dehors.

Bontemps (baron de l'empire).

Riestapt et Armorial général cite plusieurs armoiries au nom de Bontemps :

D'argent à la fasce d'azur.

D'or au chêne de sinople, au chef de gueules chargé d'un léopard d'or.

De gueules au chevron d'or, chargé de deux aiglettes de sable et accompagné de trois croix ancrées de sable.

Bourdigné ou **Bordigné** (de). — Supprimer les armoiries indiquées au tome I de l'Armorial, p. 238 et les remplacer par celles-ci, citées par M. André Joubert, dans la *Revue de l'Anjou*, tome VII, p. 120 :

Écartelé aux premier et quatrième d'argent, au sautoir de..., accompagné de trois rencontres de cerf de sable, deux en chef et une en pointe ; et aux deuxième et troisième de sable à neuf fusées d'argent posées en bandes.

Boureau de Chauvigny [tome I, p. 240] ; ajouter : de Chavigny, — des Petits-Champs ; — dont Joseph conseiller à la sénéchaussée de Saumur en 1705.

Bourg (du), [tome I, p. 240]. — D'après une note de M. le comte du Bourg, de Laval, les armes citées par Audouys sont celles de la branche fixée en Nivernais ; les autres sont :

D'azur à deux molettes d'éperon d'or en chef et une merlette d'or en pointe.

Devise : *Dieu suffit !*

Bourgault (de) du Manoir, [tome I, p. 241].

D'azur à la fasce d'or accompagnée de trois losanges de même, deux en chef et un en pointe.

Boux ou **Le Boux** [tome I, p. 251].

La vie et portrait de Guillaume Le Boux, publiés dans la Revue du Périgord, dit *chevron* au lieu de *sautoir*, et *tête de chien colletée d'argent* au lieu de *tête de bouc*.

Bouzey [tome I, p. 252], lire : du Bouzet de Roquépine ; dont Charles, abbé de Saint-Nicolas d'Angers en 1692.

Breil (du) de la Turmelière.

De sable à trois huchets d'argent posés deux et un.

Cél. Port., Diction. de Maine-et-Loire.

Bricel des Plantes, — de Chaume, — de la Piltière, — de Lany, — de Moutiers, — des Perrières ; — dont Guillaume, intendant et secrétaire de la reine Jeanne de Bourbon, un sénéchal d'Anjou, un abbé d'Evron, deux sénéchaux au présidial d'Angers, René en 1552 et son fils en 1592.

De sinople à un cœur d'or à trois anneaux d'or en fasce abaissés ; au chef cousu d'azur, chargé d'une étoile rayonnante d'argent.

Devise : *Vias suas domine.*

Audouys, mss., p. 919.

Brissonnet (de) d'Oysonville, — de Las, — du Bouchet.

D'azur à la bande componée d'or et de gueules, le premier compon de gueules chargé d'une étoile d'or, la bande accostée en chef d'une étoile aussi d'or.

Note mss. de M. de Crochard.

Broise (de), [tome I, p. 275], ajouter :

D'azur à deux fasces d'or et un chevron de même brochant, accompagné de trois molettes de même posées deux et une.

Sceau.

Brossays de la Fausse-Porée [tome I, p. 276], — du Perray ; — dont un secrétaire des états de Bretagne, — un substitut du marquis de la Chalotais en 1787 ; ajouter aux sources : ex-libris armorie, « des livres de M. Brossays-Duperray, » XVIIIe siècle.

Brussy. — A la planche 20 une des quintefeuilles doit être placée au-dessous du chevron.

Buat (du). — La planche 28 dit à tort *de* Buat.

Bunault de Montbrun [tome I, p. 288].

Une note mss. de M. de Crochard n'indique que *deux aigles* au lieu de *trois*.

Candé (la ville de), [tome I, p. 300], porte aujourd'hui, peut-être comme ancien chef-lieu de la baronnie de ce nom :

De gueules au château couvert de trois tours girouettées d'or.

Sceau. D. P.

Capol (de) ; — dont un maréchal de camps et armées du roi sous Louis XVI ; Gustave, ingénieur à Angers en 1883.

De sable à la flèche d'or la pointe en haut.

Cimier : *Une flèche d'or entre un vol mi-partie de sable et d'or.*.

J.-B. Rietstap, Armorial généal. p. 219. — D. P.

Caret de Vautorte [tome I, p. 304] à supprimer ; voir Cazet, p. 311.

Cathelineau (de). — La planche 21 doit être corrigée de manière que l'oriflamme flotte horizontalement.

Chanac (de), [tome I, p. 330]. Guillaume, abbé de Saint-Florent de Saumur en 1354, portant :

Burelé d'argent et d'azur au lion de gueules brochant sur le tout.

Nadaud, Armorial du Limousin.

Chantepierre (de) de Louvain.

De vair à l'écusson de gueules en abîme chargé d'un chevron d'or.
De Vertot : Chevaliers de Malte.

Chastel (du) [tome I, p. 347].

Chevron hérissé... lisez : *chevron brisé...*

Châteaugontier (la ville de), [tome I, p. 352], armoiries actuelles :

D'azur à un château d'argent, au chef de gueules chargé de deux clefs d'or.
Sculptures aux monuments publics de Châteaugontier. Note mss. de M. André Joubert.

Chateaureux, [tome I, p. 356], lire Chateauvieux — La famille de Girard de Châteauvieux encore représentée en Anjou, avait les seigneuries de Sous-Canton, — de Vezanobre, — de la Motte, — de Roquet; — dont un maître de forges à Pouancé en 1686.

D'azur à une tour donjonnée d'argent, ouverte et maçonnée de sable, au chef cousu de gueules chargé d'une étoile d'or adextrée d'un lion naissant de même et senestrée d'un croissant versé d'argent.
Sceau. D. P.

Chauveau de Kernaëret, v. Kernaëret, [tome II, p. 228].

Chauvière (de) du Vau.

D'azur à neuf billettes d'argent, posées trois, trois et trois.
Note mss. de M. de Crochard.

Cherouvrier des Grassières, — de Lambroise, — de Clairay.

D'azur à la palme d'or en barre, une branche de laurier de même brochant en bande accompagnée d'une étoile d'or en chef et d'un croissant d'argent en pointe.

Carré de Busserolle, Armorial de Touraine.

Chopin [tome I, p. 389]; rétablir ainsi cette notice:

Choppin d'Arnouville, — de Chaston ou Chaton, — de Gouzangré, — de Chassoy, — de Beauvais, — de Bierville, — de Jodainville, — de Baudreville, — d'Herbisse; — dont Jean anobli en 1444; Mathurin, avocat à Angers au XVIe siècle; René, jurisconsulte, en 1537; Augustin, avocat au Parlement de Paris en 1600; René, lieutenant criminel du Châtelet en 1684; Étienne, conseiller au Grand Conseil, premier président de la Cour des Monnaies de Paris, en 1730; René, président au Grand Conseil en 1767; René, premier président de la Cour des Monnaies, 1761; Mathieu, général de brigade en 1771; Augustin, préfet, conseiller d'État; Henri-Augustin, avocat général à Paris, en 1879.

D'azur à un cerf ailé d'or, passant sur un épieu d'or, issant de la pointe de l'écu.

Supports: *Deux levrettes blanches naturelles, colletées de gueules et bouclées d'or.*

Annales historiques. — Gravures XVIe et XVIIe siècles. — Portraits XVIIIe siècle, autrefois à Metz, pris par les allemands en 1870, revendiqués par M. Auguste Choppin d'Arnouville, avocat général à Paris, et donnés par lui à la cour de Nancy.

Cillard de Kermainguy [tome I, p. 393], lisez: De Cillard de Kermainguy; ajouter: un colonel retraité en 1876.

Devise: *Mon cor et mon sang.*

Clisson (de). — A la planche 23, le lion doit être debout.

Colas de la Nouë [tome I, p. 405]; corriger ainsi:

D'or au chêne de sinople sur une terrasse de même, au sanglier passant de sable brochant sur le fût.

Plus bas, ligne 23 : Lambron de Liguin, lisez : de Lignim.

Corbière (de la), [tome I, p. 414]; ajouter de Juvigné, — de Vahais, — de Gotereau ; — dont Philippe et Guillaume, croisés en 1248 ; Hubert, témoin dans une donation à l'abbaye de Saint-Serge en 1080.

D. P. Archives historiques du Poitou, tome XII. — De Fourmont, l'Ouest aux Croisades, tome I, p. 257.

Cossin de Saint-Martin, — de Maurivet [tome I, p. 421].

De sable à trois têtes de coq d'argent.

Les armoriaux du Poitou donnent aux Cossin de Maurivet : *d'or à trois têtes d'étourneaux de gueules, posées deux et une.*

Couetus (de) du Margast.

D'argent à la rencontre de cerf de gueules.

P. de Courcy, Armorial de Bretagne.

Courceriers (de) ; — dont deux abbesses de Nyoiseau [tome I, p 430].

De gueules à trois quintefeuilles d'or.

Cauvain, Armorial du Maine.

Courtin de Villiers [tome I, p. 433]; ajouter : de la Giraudière.

Couscher [tome I, p. 435].

D'or à la terrasse de sinople plantée d'un tronc au naturel sur-monté d'une colombe ou d'un bizet d'azur, becquetant une gerbe de sinople et posée à dextre.

Sceau.— La planche 24 a placé les meubles dans le sens inverse.

Couet du Vivier de Lorry; corriger ainsi le nom mal orthographié à la planche 24.

Crevent (de) de la Frénaie.

Écartelé d'argent et d'azur.

Note mss. de M. de Crochard.

Crochard (de). — A la planche 24, les pieds des trèfles ne doivent pas être nourris, mais finis en pointe, inclinés un peu à dextre.

Daniel de Vauguyon [tome I, p. 457]; lisez : Daniel de Vauguion, — du Bois-Denemetz.

Darlus de Montéclerc, — de Châteaubriand, — d'Empiré.

D'azur au chevron d'or accompagné de deux étoiles de même en chef et un dard d'argent en pointe.

Note mss. de M. de Crochard.

Daudier des Dauderies, — de la Barre, — de la Morinière; — dont Nicol, conseiller en cour laie à Angers en 1491 ; François, capitaine exempt des gardes du corps du roi en 1669.

D'azur à un chevron d'argent accompagné de trois roses d'or deux en chef et une en pointe.

D'Hozier, mss., p. 496.

D'azur à un chevron d'or accompagné de trois croissants d'argent deux en chef et un en pointe.

Sceau. — Ménage, Vie de Pierre Ayrault, p. 288.

Davort, voyez d'Avort.

Desmazières; — dont plusieurs juges et sénéchaux du comté de Vihiers, au xviii⁰ siècle ; Thomas, au conseil des Cinq-Cents, président du tribunal d'appel d'Angers en 1811 ; Thomas, sénateur en 1853.

Tranché de... aux tables de la loi de... et de... aux balances de... à la bande de gueules chargée de la croix de chevalier de la Légion d'honneur d'argent, brochant sur le tout.

Sculpt. xix⁰ siècle. — Note mss. de M. de Crochard.

Desmé de Lille [tome I, p. 468], — de Puy-Girault, — de la Fuye ; — dont Paul, député à l'assemblée provinciale en 1788 ; Pierre, conseiller de préfecture d'Angers en 1828 ; Casimir, chef de bataillon, tué à Magenta en 1859.

Doré du Puy-Doré [tome I, p. 475] ; ajouter : de Mimerolle.

Dubois de la Ferté [tome I, p. 484]. La *vie de messire Gabriel Dubois de la Ferté* (Paris, 1712), n'indique pas le chef des armoiries.

Dubouzet [tome I, p. 485], v. du Bouzet (page 252).

Dumesnil de la Beausseraye [tome I, p. 489] ; lire Bausseraye.

Le mss. 987, de la Bibliothèque d'Angers (article Dissay-sous-le-Lude) dit :

D'azur à une bande d'or chargée de trois allerions de sable.

Durson d'Aubigné [tome I, p. 492] ; lisez : Durson d'Aubigny.

Ernault de la Daunerie [tome II, p. 7] ; lisez : Ernault de Moulins, — de la Daunerie, etc.

Supports : *A dextre une licorne, à senestre un griffon, tous les deux regardant et au naturel.*

Devise : *Ortu et honore* (et en 1689 à 1781), *semper et ubique fidelis.*

Fauning (de) de la Roche-Talbot.

Fayau (de) de la Poindasserie.

Fayette (de la), [tome II, p. 32]. Supprimer cet article. Ce sont les armoiries de la Sayette du Plessis-Baudouin.

Ferté (de la), — de Foudon [tome II, p. 37].

De... à deux lions passants de...

Sceau de 1218, d'après M. Cél. Port.

Fetars (de), v. Fretars,

Fitzgerald, famille irlandaise dont le chevalier Maurice en 1171 qui défendit Dublin, contre les Anglais, lord Edward, qui abjura sa noblesse à Paris, sous la République et fut tué à Dublin en 1796, etc.

Rietstap, Armorial général cite les noms et armes ci-dessous qui appartiennent à cette famille :

Fitzgerald de Carrigoran.

D'Hermines au sautoir de gueules.

Cimier : *Un singe au naturel posé sur ses quatre pattes, ceint et enchaîné d'or.*

Fitzgerald de Castle-Ishen.

D'hermines au sautoir de gueules.

Cimier : *Un cavalier monté sur un cheval galopant tenant une épée levée le tout au naturel.*

Devise : *Shannet à Boo.*

Fitzgerald de Desmond.

D'hermines au sautoir de gueules.

Cimier : *Un sanglier passant de gueules défendu et criné d'or ; ou un léopard d'or, la patte dextre posée sur un flanchis de gueules.*

Fitzgerald, duc de Leinster.

D'argent au sautoir de gueules.

Cimier : *Un singe au naturel posé sur ses quatre pattes; ceint et enchaîné d'or.*

Devise : *Non immemor beneficii. — Crom a Boo.*

Supports: *Deux singes pareils à celui du cimier.*

Fitzgerald de Ros.

Écartelé aux un et quatre de gueules à trois bourses d'argent, qui est de Ros ; aux deuxième et troisième d'argent au sautoir de gueules qui est de Fitzgerald.

Cimiers : *Un paon rouant au naturel posé sur un chapeau de tournoi de gueules retroussé d'hermines qui est celui des de Ros ; un singe posé sur ses quatre pattes au naturel, ceint et enchaîné d'or qui est celui des Fitzgerald.*

Supports : *Deux faucons au naturel le vol abaissé.*

Devise : *Crom a Boo.*

Fitz-James (de) de Warty, famille descendant du maréchal de Berwick, fils naturel du roi d'Angleterre Jacques II ; — dont François, abbé de saint Victor, évêque de Soissons, mort en 1764 ; Charles, pair et maréchal de

France, mort en 1787 ; Édouard, lieutenant général en 1748 ; Édouard, lieutenant général, pair de France et député, mort en 1838.

Écartelé aux premier et quatrième contre écartelé aux premier et quatrième d'azur à trois fleurs de lis d'or ; aux deuxième et troisième de gueules à trois léopards d'or l'un sur l'autre : au deuxième d'or au lion de gueules enclos dans un double trescheur fleurdelisé et contrefleurdelisé de même : au troisième d'azur à la harpe d'or cordée d'argent, l'écu entouré d'une bordure componée de seize pièces, huit d'azur chargées chacune d'une fleur de lis d'or, huit de gueules chargées chacune d'un léopard d'or.

Supports : *A dextre une licorne ; à senestre un griffon ; tous les deux regardant, et au naturel.*

Devises : *Ortu et honore* (et de 1689 à 1781 :) *Semper et ubique fidelis.*

Riestapt, Armorial général.

Flaming (de) ; — dont un électeur de la noblesse d'Anjou en 1789.

De sable semé de diamants triangulaires d'argent, au chef échiqueté d'argent et d'azur.

Note mss. de M. de Crochard.

Foulon de la Croix [tome II, p. 55] ; lire : Foullon, etc.

Fourier de la Ville-au-Fourier.

De gueules plein.

Note mss. de M. de Crochard.

Fretars (de) de Sauve [tome II, p. 66] ; lire Fretars de Saunet, et voir Fetars, plus haut, p. 38.

Frizon de la Motte-de-Règes ; — dont un maire de la Flèche, chevalier de Saint-Louis.

D'azur à la bande de gueules chargée d'une épée d'or.

Sceau. — De Maude. — D. P.

Gilles de Beaumont [tome II, p. 104]; ajouter : de la Chauvière, ou de la Chauvinière; v. Armorial mss. de D'Hozier, p. 73.

Gondrin (de) de Pardaillan, [tome II, p. 114]. — Les armes indiquées sont celles de Pardaillan.

Gontard [tome II, p. 116]; ajouter aux noms féodaux : du Pin, — de la Perrière, — de Launay, — de Grand-Maison, et encore : dont André premier juge et garde royal de la monnaie d'Angers en 1730 ; Charles, échevin en 1736 ; André Étienne, conseiller du roi au siège de l'élection d'Angers en 1779.

Gouyn [tome II, p. 126]; lisez : v. Gouïn.

Guery de Beauregard [tome II, p. 153]; lire de Guerry de Saint-Martin, — des Noyers, — de la Merlatière, — de Lerrière, — de la Jarrie-Dampierre, — des Gats, — de la Goupillère, — de Beauregard, — de Lambretière, — de Puymauray, — de la Pinnetière.

Les armes actuelles de la branche aînée sont :

Écartelée aux premier et quatrième d'azur à trois besans d'or deux et un ; au deuxième de gueules à trois roses d'argent deux et un qui est de Hellerin.

Supports : *Deux lions.*

Devise : *Moriar fidei servus.*

Guilhe la Comble de Villers (planche 33) ; lire Guilhe la Comble de Villers.

Hardouin de la Coudrière, — d'Argentan.

D'argent à l'aigle d'azur, tenant de sa patte dextre une foudre de gueules.

De Courcy, Armorial de Bretagne. — Armorial, mss. de 1696. — D. P.

Jouin de la Bonne, — du Breuil [tome II, p. 219];
ajouter :

D'argent à la fasce fuselée de... accompagné en chef d'un lambel de... et en champagne d'une étoile de...

Sceau matrice, d'après une note de M. Le Bauld de la Morinière.

Jousbert (de) du Landreau [tome II, p. 221]; rectifier ainsi :

D'azur à trois molettes d'or.

Les vitraux de l'église de Beaufort, xixe siècle, disent : *molettes d'argent.*

Lair (à Blou).

D'argent à la croix de sable, cantonnée en chef de deux roses de... et en pointe de deux étoiles de...

Sceau, d'après une note mss. de M. Couscher.

Le Bauld de la Morinière [tome II, p. 254]; rectifier ainsi :

D'argent au cerf passant de gueules.

Sceau et sculpt., pièces d'argenterie ancienne. — L'Armorial du Poitou, pp. 189, 326, 377, 399, dit *le cerf au naturel, ou courant de gueules sur un terrain de sinople.* — D. P.

Le Breton d'Envrich, — de la Forterie ; — dont une veuve représentée en 1789 à l'assemblée électorale de la Noblesse.

D'azur à trois colombes d'argent, les deux du chef affrontées à l'écu d'azur chargé d'une fleur de lis d'or et bordé de sable en abîme ; au chef d'or chargé d'un lion léopardé de gueules.

Note mss. de M. de Crochard.

Le Gay, [tome II, p. 271]; ajouter : v. Gay.

Marquis de la Motte-Baracé… (tome II, p. 350); ajouter : de la Fontaine. Et après la description des armoiries « qui est de Bréon » mettre : « ou plutôt de Fougerolles ».

Il s'agit bien ici non pas d'un titre nobiliaire mais d'un nom : Audouys ajoute en son mss. « c'est de la Motte »; mais d'Hozier mss., pp. 219 et 121 cite Jean Marquis de la Motte, *écuyer*, sieur de Senonnes, avec les armes ci-dessus. M. Cél. Port cite également comme seigneurs de la Motte-Baracé une *famille Marquis*.

Mas (du), [tome II, p. 357]; ajouter :

D'argent à un houx de sinople arraché au franc-quartier de gueules chargé d'une croix d'argent engrelée.

Clef de voûte moderne à l'église du Lion-d'Angers.

Mergot de Montergou [tome II, p. 380]; lire : Mergot de Montergon.

Mieulle (de) de la Thibaudière.

Coupé au premier d'azur à trois étoiles d'argent posées en fasce ; au deuxième d'or au chat passant de sable sur une terrasse de sinople.

Sceau xix° siècle. — Une autre branche de Mieulle porte au lieu d'un chat *un globe impérial surmonté d'une croix de…*

Moulins-Rochefort (de), [tome II, p. 424], ligne 2; remplacer : « la famille » par « la branche angevine ».

Poulain de la Guerche [tome II, p. 77]; ajouter : de la Fontaine, — de la Grée, — de Vaujoye, — d'Andillé, — de Bouju, — de Parnay, — de la Tremblaye, — de la Ripaudière.

V. de Courcy, Armorial de Bretagne et Audouys, mss. 1005 de la Bibliothèque d'Angers. — Note mss de M. de la Frégeolière.

Poulard ou Poullard.

De gueules à une rose de...

Sceau. — Note mss. de M. le comte Le Bauld de la Morinière.

Richer de Monthéard [tome III, p. 119, ligne 5] ; remplacer « Goupil », par le mot, « écuyer ».

Sainte-Croix du Verger [tome III, p. 167, ligne 3] ; lisez : *trois, trois et trois,* etc.

Saint-Florent-le-Vieil [tome III, p. 169]. — Les armes indiquées à cette place comme celles de l'abbaye sont celles des bénédictins de *Saint-Maur*, voir ce nom (tome III, p. 174).

TABLE

ARMOIRIES

PAR

MEUBLES

TABLE DES ARMOIRIES

PAR

MEUBLES

———————

A

A (lettre), d'Aquin, Aubert.

ABEILLE (une), — Freppel, — Lamoureux.

(trois), — Angers (ville d'), — de Thou. .

AGNEAU (un), — de l'Anglerie-Laneau, — Chapitre Saint–Jean–Baptiste d'Angers, tome I, p. 44, — Abbaye de Toussaint d'Angers, tome I, p. 47, — les Bouchers et Rôtisseurs d'Angers, tome I, p. 52, — Cabanel d'Anglure, — Château-gontier (la Communauté des Religieuses Bénédictines de la ville de), — Marillet, — Perrin.

AIGLE (une), — Amilly, — Hôpital Saint-Jean d'Angers, tome I, p. 43, — d'Anthon, — Aubin, — Ayrault, — des Bans, — de Bar, — Baudry, — Comtes de Beaufort, — de Beaumont-le-Vicomte, — de Beaumont, — de la Beraudière, — de Bohême, — des Bois de Chambellay, — Boutard, — Bouteillier, — Boutillier, — de Bouzillé, — Brandelis, — Brillet, — Bruneau, — de Bussy, — Capron, — Cassin, — de Champchevrier, — de Charbonnier, — Charlet, — Chauvet — Chenaie, — Chevaye, — de la Chinière, — de Coligny, — de Contades, — Corme, — Cornuau, — de Coulaines, — de Crochard , — Davy , — d'Eslans , — d'Estriché ,

— de Faigne, — Fardeau, — de Ferrare, — de Fesques, — de Fontaine-Guérin, — de Foucault, — Foucault, — de Fourateau, — de Foureau, — Germain, — Gilbert, — Gillot, de Girard, — Godes, — de la Grandière, — de Grasse, — Grimaudet, — Guenier, — Guilmot, — Habert, — Hameleau, — Hardouin, — Haton, — Haudemond, — Herbereau, — Hubert, — Hue, — Hulot, — Jalaucourt, — de Jarzé, — Joubert, — Jousseran, — La Flèche (les religieuses de la Magdeleine de l'ordre de Saint-Augustin de), — Le Cornu, — Le Geay, — Le Gros, — Le Mesle, — Le Motteux, — de Lourmé, — de Mallian, — de Mareuil, — de la Marre, — Marsault, — des Mazières, — Meliand, — de Miomandre, — Mondamer, — de Montzey, — Moreau, des Noues, — Ogeron, — d'Orléans, — de l'Orme, — Payneau, — Pelaud, — du Perin, — Petiteau, — Pinot, — du Plessis-Macé, — de Pocé, — de Pologne, — du Prat, — Prévost, — Quesnay, — Rainfroy, — de Rennes, — Rigault, — de la Rivière, — Romain, — de la Rue, — de Sablé, — Sacconnay, — de Saint-Gilles, — de Saint-Loyre, — de Savoie, — Tessé, — Thomas, — de Tremeolles, — du Tronchay, — Valeran, — de Vau-le-Gouz, — de Vaugirault, — de Vaulx.

(**deux**), — Bérenger, — de Coublant, — Drouault, — d'Escoublant, — de l'Espine, — de la Grandière, — Meliand, — de Pennard, — de Sicile, — Toublanc, — du Vau.

(**trois**), — Allaire, — Barbot, — Bariller, — Bauen, — Benardière (de la), — Blanchet, — Blondé, — de Bodio, — du Bois-Bernier, — Boucault, — Bouin, — du Buat, — Bunault, — Caternault, — de Charette, — de Chenedé, — Chotard, — Gret, — Eliand, — Ernouf, — Gabard, — Garnier, — de la Gauvrière, — Guillot, — d'Heliand, — Le Gauffre, — Mabille, — de la Matrais, — Maudet, — Morin, — Pelaud, Ragon, — de Rouillon, — de la Roussardière, — de Rueil, — Saget, — du Serreau, — Solimon, — du Vau, — de Vaudemont.

(**quatre**), — de Belleville, — de Gonzague, — Himbert, — — Le Clerc, — Rogues.

(**six**), — de la Blanchaie, — de Pruillé, — de Sainte-Mère-Église.

AIGLE (demi), — Bastard, — Le Batard, — de Limesle.

AIGLE A DEUX TÊTES (une), — d'Allencé, — d'Anthenaise, — Arnault, — de Beaucé, — de la Béraudière, — Binel, —

Bonneau, — de Brémont, — de Champchevrier, — Collas,
— Douart, — Ernault, — Esnault, — Gohin, — Goureau, —
du Guesclin, — Guilloteau, — de Launay, — Le Maingre, —
de Madaillon, — de Pontoise, — Renault, — Roullin, —
Sforza, — Sorhoët, — de Vaugirault.

(trois), — Le Maçon, — Perrot.

(quatre), — Beuvreau.

AIGLE COURONNÉE (une), — Les comtes et ducs d'Anjou, — de
Bouillé.

AIGLE [TÊTES D'] (deux), — Le Tourneux.

(trois), — de la Barberie, — Bitault, — de Chef, — de Goubis,
— Ruas.

AIGLES (sans nombre), — Malateste.

AIGLETTE (une), — Guitteau, — Le Feron, — Perrault.

(deux), — Bontemps.

(trois), — d'Andigné, — Barbot, — Bouju, — Bourneau, —
Cazet, — Josnay.

(quatre), — de la Flèchère, — de Laval.

(cinq), — Gourion, — Macé, — de la Rue-le-Bœuf.

(six), — Lorenz.

AIGLONS (deux), — de Launay.

(trois), — d'Avenel, — Le Gaiger, — Le Geay, — de Moysand,
— Renouf.

(quatre), — de Coulaines.

AIGLONS A DEUX TÊTES (trois), — de Champlais.

AIGUIÈRE (une), — Prieuré de Saint-Sauveur de l'Évière-lès-
Angers, tome I, — Budan, — Guyet.

(trois), — des Aubiers, — des Aubus.

AIL [GOUSSE D'] (trois), — Goussault. — V. *Aulx.*

ALÈNE (une), — Les carreleurs en cuir d'Angers, tome I.

ALÉRION (un), — d'Avoine.

(deux), — Bossoreille.

(trois), — René d'Anjou, tome I, — Bilostein, — Bossoreille, — Dumesnil, — Étriché (le prieuré d'), — de Lorraine, — de la Trémouille.

(quatre), — du Serreau.

(six), — du Bois-Dauphin, — de Chassé, — de Chazé, — de Laurent.

(seize), — de Laval, — de Montmorency.

(dix-huit), — de Cossé-Brissac.

AMANDES (trois), — de Cominges.

(quatre), — de Beauveau.

AMOUR (un), — Saumur (la communauté des couvreurs de).

ANCRE (une), — Angebault, — Agriculture d'Angers, tome I, — Artuis, — Blondeau, — Boreau, — Boret, — Craon (le prieuré de Saint-Clément de), — Goujon, — Haincque, — Havard, — Malineau, — Paysan.

(deux), — Allard.

(trois), — de Bain.

ANGE (un), — Université d'Angers.

ANILLE (demi), — de Francbourcher.

ANILLES (trois), — Habert, — de Moulins-Rochefort.

ANNEAU (un), — Joubert.

(trois), — Bricel, — de Caulmont, — Étienne, — de la Faucherie, — Nepveu.

ANNELET (un), — de Bonnerrier, — du Bouchet.

(deux), — Bineteau, — du Bois-Bineteau, — de la Panne.

(trois), — d'Aubigné, — Barledor, — de Blois, — de Castillon, — de Cercler, — de Chevalle, — Desbois, — Doré, — Ferron, — de Fontenailles, — Gousdé, — des Haies, — de Hallot, — Le Doyen, — Le Large, — des Mazières, — de Mondomaine, — Moreau, — du Moutier, — de Sales, — de Seillons, — Tenaillé, — de Thevale, — Varadier.

(quatre), — de Rancher, — Raoul.

(cinq), — de Chantemerle, — de la Jaille, — Loupy.

(six), — de Balsac, — de Balzac, — de Bure, — Charnalière, — de la Chapelle, — de Cierzay, — d'Illiers, — de la Jaille, — de Laspaye, — de l'Espaye, — Macé, — de la Previère, — du Puy, — Quincé (le prieuré de Saint-Blaise de), — de Ramefort, — Riant, — de la Roë, — Tallour, — de Ver, — de Vergonne.

(sept), — de Pommerieux.

(huit), — de Pommerieux.

(dix), — de Pommerieux.

ANNONCIATION, — La Flèche (les Cordeliers de).

ANSES (trois), — Cherences.

ARBALÈTES (quatre), — Arbalestes.

ARBRE [ÉCORCES D'], (trois), — Guérin.

ARBRE [TRONC OU SOUCHE D'], — Souchard, — Trancard, — Tremblier, — Veillon.

(deux), — Tarin.

ARBRE (un), v. *Crequier*, — d'Avaugour, — Avril, — Baudry, — Boisnier, — Chanveaux (le prieuré-cure de), — Chauvel, — Couradin, — Durateau, — Herbereau, — de Launay, — Le Jeune, — Le Pelletier, — de Lossendière, — Marion, — Poirier, — Prunier, — du Rateau, — Renou, — Reverdy, — de Saint-Genys, — Sauvageot, — de Schramm, — de la Selle, — Sorhoët, — de Valois, — du Verdier.

(trois), — Des Alleuds, — Aubry, — de l'Aunay, — des Champs, — Deschamps, — Le Bas, — de Lemerye, — Pregent, — Prunier, — Saulay, — Ulmes Saint-Florent (le prieuré des).

ARC (un), — Suhard.

ARC [BOIS D'] (trois), — d'Arcy.

ARC-EN-CIEL, — Larcher.

ARCHETS (trois), — Harcher.

ARGENT seul, — de Faye, — de Sevigné.

ARMÉ, — Rivodes.

ARTICHAUTS [TIGES D'], (trois), — Mauvif.

ASCENSION, — Les Terrasseurs et Carreleurs d'Angers, tome I.

ASSIETTES (trois), — La Flèche (la communauté des Orfèvres de).

ASSOMPTION DE LA SAINTE VIERGE, — Châteaugontier (le couvent des Religieuses de Buron de la ville de).

AULX (deux), — Aubin. — V. *Ail.*

AUMUSSE, — Daumeray (le prieuré de).

AUNE, — Les Marchands de draps de soie d'Angers, tome I, — Les Sergers, Drapiers et Teinturiers d'Angers, tome I.

AVIRONS (deux), — Havard.

B

BAGUES, — Saumur (la communauté des Lapidaires, Enchaîneurs, etc. de).

(**trois**), — de Mondragon.

BAIONNETTES (deux). — Boutillier.

BALAIS (trois), — Baillergeau.

BALANCES, — Les Droguistes et Épiciers d'Angers, — tome I, Bompois, — Durtal (la communauté des Marchands Merciers, Ciriers, Droguistes de).

BALANCIER (un), — Ballan.

BALEINE (une), — Belaine (de).

BANCS (trois), — de Servient.

BANDE (une), — Adam, — Allusneau, — d'Amelevière, — Amenard, — d'Ammes, — Andrault, — André, — Angevin, — d'Anjou (Province), — Maison d'Anjou, — d'Apré, — des Armaults. — Aubin, — d'Auvers, — d'Avoine, — Avril, — Balirot, — Ballain, — Bannel, — Baraschin, — Barbot, — Barjot, — de la Barre, — Barré, — Baudry, — Bauen, — Officiers des Eaux et Forêts de Baugé, — Les religieuses hospitalières de Baugé, — La communauté des Médecins de Baugé, — La communauté des Serruriers de Baugé, — La communauté des Maçons de Baugé, — de Baulme, — Le Corps des Officiers de Beaufort, — Les comtes de Beaufort, — de Beaumont, — de Beaupréau, — de Beauregard, — Bellange, — du Bellay, — Belot, — Beranger, — Beritault, — de Berrie, — Berthelot, — Bertrand-Geslin, — Bigot, — Bigottière, — Bilostein, — Bionneau, — Bitault, — Bizot, — de Blois, — de Bodieu, — du Bois-Beranger, Bonneau, — Bouan, — Bouchard, — du Boul, — Bourré, — du Bourreau, — Bourreau, — Boussat, — Breschu, — de Breslay, — Bridiers, — Brisset, — de Brissonnet, — du Broc, — de Brossard, — Brulard, — de Bueil, — Buffegebcourt, — de Cabourg, — de Cadelac, — Cellier, — Chailland, — Chalons, — de Chamberan, — de Champagne, — de Champeaux, — de Chantemerle, — du Chastelet, — de Chastelux, — Châteaugontier (la communauté des Médecins de), — de Chavannes, — de Chenedé, — de Clairembault, — de Clinchamps, — du Cluzel, — de Coisnon, — Combet, — Corbin, — Cotereau, — de la Cour, — de Courcillon, — Courson, — de Courtades, — Croisset, — de la Crossonière, — Croullon, — de Cuillé, — de Custine, — de Damnes, — Daniel, — Delaporte, — Deniau, — Deshayes, — Desmazières, — Deullon, — Dhomme, — de Dieusie, — Doublard, — Drouault, — Drouneau, — Duelly, — Duhan, — Dumesnil, — Durfort, — d'Écuillé, — de L'Enfant, — Erreau, — d'Escharbot, — d'Esclau, — d'Escoubleau, — d'Espagne, — de l'Espinay, — d'Estouteville, — d'Estriché, — d'Etenay, — de la Faucille, — du Feilleul, — Ferault, — Fergon, — de la Fontaine, — de la Forest-d'Ivonne, — de Foulognes, — de Fourneux, — Fournier, — Fuzeau, — Frizon, — Fusil, — Gaudon, — Gaultier, — de la Gaurière, — Gencian, — de Gentienne, — de Giffart, — Gigault, — Girard, — Giroust, — Gouau, — de Grenouillon, — de Grudé, — Guérin, — Guichon, — de la Guillaumière, — Guinoseau, — Guilloché, — Guyot, — Haran, — Harouvey, — Havart, — Hector, — Henu, — des Herbiers, — Herreau, — d'Hommes, — de Houdan, — Houdemont, — de Houëcourt, — Huet,

Huguet, — de Huillé, — de la Jaille, — Jalaucourt, — Jan-
neteau, — Jardrin, — Joubert, — La Flèche (ville de), —
Lanoy, — Largent, — de Las-Cases, — de Laspaye, — de
Laval, — Lavigne, — Le Boucher, — Le Febvre, — Le
Gauffre, — Le Gendre, — Le Goux, — Le Houx, — Le
Lièvre, — Le Maignan, — Le Marie, — Lenfant, — Le Page,
Le Pauvre, — Le Petit, — Le Restre, — Le Roy, — de
Lespaye, — Le Veneur, — Levrande, — de Lorraine, — de
Loudun, — Louroux (abbaye de N.-D. du), — Lunéville, —
Macé, — de Magnelais, — Maillard, — de Maillé, — de
Marans, — Marchesseau, — de Marcillé, — Mareschau, —
de Marmande, — Marquis, — de Marreau, — Mauduit, — de
Maugars, — de Mazières, — Mechine, — Menoir, — Menou,
Millasseau, — Millet, — Miron, — de Moiria, — de
Montblanc, — de Montdor, — de Montzey, — Morel, — du
Mortier, — Mottier, — de Moysand, — Nomelet, — d'Or-
vaulx, — Paillard, — de Parthenay, — de la Pasqueraye, —
Payneau, — Pazzi, — Perrault, — Petit, — de Petit-Jean,
— Pex, — Philbert, — Piau, — Pitard, — Pointau, —
Ponecour, — du Pont, — Pottier, — du Pré, — du Puy-du-
Fou, — de Quatrebarbes, — de Racapé, — de la Rachère, —
Raciquot, — de Raoul, — Rattier, — Revellière, — Richard,
— Rillé (le prieuré de), — de la Rivière, — Robert, — de
Robineau, — de Rochefort-d'Alby, — du Rocher, — de
Rochetaillé, — Roger, — Rolland, — Rousseau, — Rouxellé,
— de la Roye, — de Saint-Épure, — de Sainthillier, —
Saint-Laurent-du-Mottay (la prévôté de), — de Saintré, —
de Santo-Domingo, — de Sarcé, — de la Saussaie, — de
Savonnières, — de Schomberg, — Sebille, — Segré (la ville
de), — de Seillons, — Serizin, — Sibille, — Soulaines,
(le prieuré conventuel des religieux bénédictins de Saint-
Pierre de), — de Souvré, — Tallour, — Tanguy, — Taret,
— Taudon, — Teilleul, — Testu, — de Thimbrune, —
Thomasseau, — de Thorodes, — de Thory, — du Tour, —
de la Trémouille, — Tripier, — Trochon, — Trousseau, —
de Trye, — Valenton, — Vallain, — Vallois, — Varenne-
Lenfant, — de Vaudemont, — de Vaulx, — Verger.

(deux), — Allaneau, — d'Autrives, — Barville, — de Blaison,
— de Châteaugontier, — Coustard, — de la Fontaine, —
Frezeau. — Gouau, — Guillon, — d'Hauterive, — Hulin,
— Larcher, — Marini, — de Pennard, — Rouxellé,— Tre-
buchet, — de Vezins.

(trois), — d'Anthenaise, — de Barral, — Bascher, —
prieuré-cure de Beaufort, — de la Benoistaie, — Beri-

tault, — Beschard, — du Bois-Lanfray, — de la Boissière, — Boissy, — Bonnetat, — de Bourmont, — Bouvery,
— de Brechanon, — de Budos, — de Caignou, — Caillau, —
de Carion, — Cassin, — Charbonnier, — Chevrollier, — de
Cissé, — Coustable, — Fadot, — de Fleurainville, — du
Fraisne, — Fresnel, — Gain, — Gaultier, — Gehere, —
Goyet, — de la Haie, — Herbault, — Joubert, — de Jupille,
de Landepousse, — Le Febvre, — Le Jumeau, — Le Poulchre,
— Le Sciller, — Mangoneau, — de Mauny, — d'Origny, —
d'Orvaulx, — de la Pasqueraye, — de Pennard, — Perray-
aux-Nonains (abbaye de N.-D. du), — Perrin, — de la
Poèze, — de Poncé, — de Ponthieu, — Rallier, — Riant,
Romain, — de la Roussière, — de Sansay, — Sireuil, — de
Soizy, — Thibault, — Thibault-Cailleau, — de Turenne, —
de Tussé, — Vachereau, — de Valleaux, — Vallée.

(quatre), — Camerini, — Mabit, — Roucelé.

(cinq), — de Torchart.

BANDÉ, — Allard ou Alard, — d'Avesnes, — Bandard, — de Blaison,
— de Blou, — de Bourgogne, — Brairet, — de Chamaillard, —
de Cossa, — de la Cour, — Dauvet, — Duchatel, — Fernandes,
— de la Fontaine, — Foul, — Gault, — Gimondrie, —
Goupil, — Hamon, — d'Ingrande, — de Longeval, — Ludies,
— Malateste, — Milocheau, — des Perrières, — de la Poèze.
Rallié, — Rochepot, — de Silly, — Thibault, — Turpin.

BANDE COMPONÉE (une), — de Brissonnet, — Le Comte, —
Mechine.

BANDE DANCHÉE (uue), — Fournier.

BANDE DENTELÉE (une), — Fournier.

BANDE ÉCHIQUETÉE (une), — du Rocher, — Vérité, — de Vern.

BANDE ENGRELÉE (une), — Le Blanc, — Montchenu, — Morel,
— de la Seules.

BANDE FUSELÉE (une), — Gallois, — de la Jaille, — de Mandon,
— de Meaulne, — de la Motte, — des Roches, — de Sou-
vigné.

BANDE LOSANGÉE (une), — Saint-Aubin.

BANDE VIVRÉE (une), — Farion, — Hunault.

BANDEROLE (une), — Marillet.

BANNIÈRE, — de Cathelineau.

BARS (deux), — René d'Anjou, tome I, — de Bar-Lorraine, — de Blamont, — de Dombasle, — de Montbron, — de Paschis, — Pazzi, — Quinquet, — de Raschi, — Riant.

BARBEAU (un), — V. *Dauphin*, — Barbier.

(deux), — d'Aigremont, — Avoir, — Dieu, — Pirault.

(trois), — Beauloué.

BARBES (quatre), — de Quatrebarbes.

BARBET (un), — Barbier.

BARILS *V. Tonneau*, — Barault.

(trois), — Les Marchands de vins en gros d'Angers, tome I, — Doué (la communauté des Hôteliers et Cabaretiers de), — Le Bascle.

BARILLETS (trois), — Barillé

(cinq), — Brulard.

BARRE (une), — Allory, — Louis d'Anjou, — Province d'Anjou, tome I, — d'Apré, — d'Avoine, — Balesme, — Baraillon, — Les Officiers des Eaux et Forêts de Baugé, — Les Bénédictines de Baugé, — La Communauté des Drapiers de Baugé, — La Communauté des Tanneurs de Baugé, — La Communauté des Menuisiers de Baugé, — de Beaumont, — de Beaupréau, — Bitault, — Boisard, — Boisricher, — de Broc, — Brossard, — Candé (ville de), — Chemillé (ville de) — Clol, — de Crochard, — Danquetil, — Durtal (la ville de), — de la Fontaine, — Fusil, — Jousseaume, — Lavigne, — Le Liepvre, — Lerbette, — Le Restre, — Le Roux, — Louroux (abbaye de Notre-Dame du), — de Maillé, — Massé, — de Menon, — Nepveu, — Page, — Petit, — de Petit-Jean, — Pouancé (la ville de), — Poudret, — Poupard, — Raciquot, — Raveneau, — du Reau, — Richard, — Rousseau, — Saint-Florent-le-Vieil (la ville de), — Serizin, — Testu, — Thomasseau, — de Thory, — Tonnelier.

(deux), — de Vezins.

(trois), — Le Corps des Officiers de justice ordinaire de Cholet, — de la Gautraie, — de la Passardière, — Brichet.

BARRIÈRE (une), — de la Barrière.

BASSINS (trois), — Les Barbiers, Perruquiers et Étuvistes d'Angers, tome I, p. 51, — Les Maîtres Barbiers, Baigneurs, etc. de Saumur.

BATEAU, — Les Voituriers et Bateliers d'Angers, tome I, p. 61.

BATON, — La Commanderie du Temple d'Angers, tome I. p. 50, — Angier, — d'Auvergne (les comtes), — de Beauvau, — de Bourbon, — Bultyneuil, — de Bure-Charnalière, — Dugrat, — de Duras, — du Grat, — du Guesclin. — d'Orléans, — de Rohan, — de Tinteniac, — Veillon, — Vendôme.

(deux), — d'Elbène, — Preciat.

BATON PRIEURAL, — Châteauneuf (le prieuré de Saint-Pierre de Selonne de), — Châteaupanne (le prieuré de), — Saint-Augustin-du-Bois (le prieuré de), — Saint-Eusèbe (le prieuré de), — Saint-Lambert-lez-Saumur (le prieuré de), — Saint-Lambert-du-Lattay (le prieuré de), — Saint-Saturnin-sur-Loire (le prieuré de), — Trélazé (le prieuré de), — Trèves (le prieuré de Saint-Aubin de).

BATON ROYAL (deux), — Saumur (le Corps des Officiers de la maréchaussée de).

BÊCHE, — Société d'agriculture d'Angers, tome I, p. 43.

(trois), — Beschard.

BELETTE, — Belot.

BELIER (un), — Bault, — Bellier.

BÉLIER [TÊTE DE], — des Arnaults.

(trois), — Belin, — de la Belinaie, — Blin, — Cotereau, — de Saint-Belin.

BESAN (un), — V. *Tourteaux*, — Coustis, — Dugast, — de l'Estoille, — Gouin.

(deux), — de la Fontaine, — Le Prestre, — Meliand, — de Montesquiou, — Perrault.

(trois), — d'Arquenay, — d'Aubigny, — d'Auvers, — Bassourdi, — de Bazoges, — de Beaune, — de Blamont, — Bonfils, — de Bonnaire, — Bonnet, — du Bouchet, —

Braier, — Brehier, — du Buisson, — de Cabourg, — de
Conquessac, — de Courléon, — Courtin, — Denais, — Drouard,
— d'Erquency, — Gabeau, — de Gennes, — Gouin, — Gresil,
Grosbois, — Guery, — Jallon, — La Flèche (la commu-
nauté des Boulangers de), — La Feste, — Le Maçon, — Le
Mailon, — Le Seiller, — Mareau, — Mariault, — Nepveu, —
Neveu, — Paumart, — Peltier, — Perray-aux-Nonains (abbaye
de N.-D. du), — Phelippeaux, — de Piedouault, — du Pont,
— de Retours, — Richard, — Rigault, — Rochefort, — de
Rotours, — Rouillé, — de Sallaignes, — Thierry, — de la
Touche, — Tourteau, — Tridert, — de Vansay.

(quatre), — Philippe de Sicile comte d'Anjou, tome I, — Bois-
Gontier, — de la Bouvardière, — de la Haie, — Montreuil-
Bellay (la ville de), — Richard.

(cinq), — Les Dominicains et Jacobins d'Angers, tome I, —
Avril, — du Boulay, — de la Fosse, — du Gast, — Le
Melley, — de Melay, — Olivier, — d'Orange, — de Por-
bise, — de Portugal, — Richard, — de Rieux, — de Rortais.

(six), — Avril, — Baudry, — Beaussire, — Binet, — Che-
veigné, — de Coesme, — Dinan, — Dupont, — Fumée, —
Hulin, — Mastas, — de la Nouë, — Olivier, — Fabot, — de
Poitiers, — de Portebise, — de Ramefort, — de la Roche-
Fromont, — Seguin.

(sept), — Courtet, — de Melun, — de Pomières, — du Serreau.

(huit), — Bourré, — de la Jaille.

(neuf), — Chauvin, — Daine, — Le Gros, — de Malestroit, —
de Melay, — de la Muce, — de la Mure, — Savary.

(dix), — Beguier, — de Malestroit, — de Melay, — de Rieux,
— de la Rivière.

(onze), — d'Espinay-Saint-Luc.

(douze), — de Beaumont.

BEUGNETS (trois), — Buignon.

BICHE (une), — Meric.

(deux), — Couette

(trois), — d'Aubigny, — Gilles.

BILLETTES.

(trois), — de Billy, — Guilhe la Combe.

(quatre), — de Batefort, — Bemont, — du Plessis.

(six), — Chupin, — Denion, — de l'Espine, — Ferron, — Gaudouin, — Megret, — de Moiria, — de Prennes, — Roques.

(sept), — Bernard, — de Chastelux, — Hiret, — de Liscoët,

(neuf), — de Chauvière, — Harouvey, — Rufier.

(dix), — de Conan, — de Lille, — des Perriers, — de Saint-Pern.

(onze), — de Beaumanoir, — Lanoy.

(quatorze), — Haton.

(dix-huit), — Choiseul.

(vingt), — Autel.

BILLETTES [SEMÉ DE], — Comtes de Beaufort, — des Buchets, — Château-Villain, — de Conflans, — du Gay, — Le Gay, — Le Perché, — de Nassau, — de Nevers, — Pelaud, — — Petaud, — de Pommières, — du Quesnel, — de Reinach, — de Robieu, — Rousseau, — Rufier, — de Vaucellès.

BLEUETS (trois), — Richer.

BŒUF (un), — Binet, — de Bœuf, — Bouschard, — du Buat, — Craon (la communauté des Rôtisseurs, Poulaillers, Pâtissiers, Bouchers de), — Le Bœuf, — Saumur (la communauté des Bouchers de).

BŒUF [TÊTE DE] ou *Rencontre*, — Angers (la grande boucherie d'), — Cesbron, — Doué (la communauté des Bouchers de), — de la Douve, — La Flèche (la communauté des Bouchers de).

(trois), — Bœuvier, — du Bouchet, — de la Chèze, — Le Bœuf, — Royrand.

BŒUF [LANGUE DE], — de Languedoue.

BŒUF [PIEDS DE], (trois) — de Beaumont.

BOIS DE CERF, — Corme.

BOISSEAUX (trois), — Les Marchands de blé d'Angers, tome I.

BOITE, — Faye (le prieuré de la Magdeleine de).

(trois), — Durtal (la communauté des Chirurgiens et Apothicaires de).

BONNET (un), — de Bonnetat.

BONNET CARRÉ, Durtal (la communauté des Avocats de), — La Flèche (la communauté des Avocats de).

BORDURE (une), — d'Allencé, — d'Angennes, — Faculté d'Angers, — Société des Belles-Lettres d'Angers, tome I, — Société d'agriculture d'Angers, tome 1, — Les comtes et ducs d'Anjou, tome I, p. 64 — Charles de Sicile d'Anjou, — D'Anjou-Sicile, — Louis Iᵉʳ d'Anjou, — Charles Iᵉʳ d'Anjou, — Louis d'Anjou, — René d'Anjou, — D'Anjou (les princes apanagistes), — d'Apremont, — Aubery, — d'Autrives, — Barexey, — de la Barre, — comtes de Beaufort, — Benoistaie (de la), — du Bois-Dauphin, — Bouchard-Dain, — du Boullay, — de Bourbon, — de Bourgogne, — Bourré, — de Braine, — du Breil, — de Bretagne, — de Brezé, — de Brissac, — Bucher, — Caillau, — de la Chapelle, — Le Corps des Officiers du grenier à sel de Cholet, — de Comines, — de Cossa, — de Craon, — de Dammartin, — de Dampierre, — Dosdefer, — Dubreuil, — d'Envrich, — d'Estampes, — Fillastre, — Fitz-James, — de Fleurainville, — Fouquet, — Galtier, — de Gasnay, — Goulard, — de Gray, — d'Hauterive, — d'Hauteville, — de la Jaille, — de Jousseaume, — Jouxey, — La Flèche (la communauté des Libraires et Imprimeurs de), — de Las-Cases, — de Laval, — Le Forestier, — Le Gros, — Le Poulchre, — de Lorraine, — Ludies, — Maillard, — de Maurier, — Mottier, — de Nevers, — d'Orange, — de Pardaillan, — Payneau, — de Penthièvre, — de Portugal, — de Pouillé, — de Retz, — de Ridouet, — des Roches, — de Rortais, — Rouertais, — de Saint-François de Sales, — de Sansay, — Savary, — de Savonnières, — de Schomberg, — Sestier, — Thibault-Cailleau, — de Thorigné, — Tours (assemblée des trois provinces de la généralité de), — Valenton, — de Vaux.

BORDURE COMPONÉE, — de Longueil, — de Maillé, — de Sainte-Cécile.

BORDURE CRÉNELÉE, — Marie.

BORDURE DENTELÉE, — de la Grosleraye, — Saint-Laurent-du-Mottay (la prévoté de).

BORDURE ENGRELÉE, — de Berry, — de la Fontaine, — de la Groferaye, — Jaulny, — Lailler, — Ludies, — de Mauviel, du Plessis, — de Seillons.

BORDURE FRETTÉE, — de Bethizy.

BOUC (un), — Abraham, — Boucault, — Bouctin, — de Lestenou,

BOUC [TÊTES DE], — Le Boux, — le fief de la Pointe.
(trois), — du Bois de la Chaussée, — Bonnin.

BOUCLES (deux), — Gresseau.

BOUCLES DE CEINTURE (trois), — Saint-Georges-sur-Loire (l'abbaye et la communauté des chanoines de).

BOUCLIER, — Parage.

BOULES (cinq), — Boisredon.

BOUQUET, — Les Droguistes et Épiciers d'Angers, tome I.

BOURDON (un), — Bilostein, — de Bourdon, — de Jouachin, — de Marette, — Pélerin.
(trois) — de la Bourdonnaye.

BOURSE (une), — Trésorerie, Cathédrale d'Angers, tome I.
(deux), — Le Pauvre.
(trois), — Boursault, — Fitzérald.
(huit), — Le Gagneur.

BOUSSOLLE, — Busson.

BOUTEILLE (une), — Durtal (la communauté des Cabaretiers et Hôteliers de), — du Goulay.
(trois), — de la Bouteille, — du Goulay.

BOUTEROLLES (trois) ou *fers de lances*, — d'Angrie.

BRAS (deux), — Cordeliers d'Angers, tome I, — les Récollets d'Angers, tome I.

BUCHE (une), — Les Marchands de Bois d'Angers, tome I.

BUCHER (un), — Bucher.

BUFFLE, — Ferrand.

BUFFLE [tête de] (une), — Ferrault.

(**deux**), — Frain.

(**trois**), — du Bouchet.

BUISSON, — Les Ursulines d'Angers, tome I, — Baugé (ville de), — Saumur (la communauté des religieuses Ursulines de).

BURELÉ, — Ballemond, — Berard, — de Boisvilliers, — de Chanac, — Chenac, — Chiny, — de Chources, — de Clairembault, — de Crespy, — Desch, — de la Descouvençaie, — Ducilly, — d'Estouteville, — Frezeau, — Gaultret, — Hunauld, — d'Igny, — de Landevy, — de Lusignan, — de Marans, — de Montbron, — de Montigny, — Mornay, — d'Orléans, — de Parpacé, — de la Rochefoucault, — de la Roche-Normand, — Rousseau, — de Saint-Astier, — de Sassenage.

BURELLES, — Davy.

(**deux**), — Les Vitriers d'Angers, tome I.

(**cinq**), — Beguier, — de Berlo, — Burolleau, — Le Gouz, — Le Pannetier, — Pannetier, — Sicault.

(**huit**), — de la Jumellière.

BUSE (une), Saumur (la communauté des Marchands de bois et de charbon de).

BUSTE HUMAIN, — Pillon.

BUTTE, — Les Maréchaux-Ferrants d'Angers, tome I.

C

C (lettre), — Aubert.

CAGE (une), — La Flèche (la communauté des Poulaillers de).

CAILLES (trois), — Cailles.

CAILLOUX (trois), — Callon.

CALICE (un), — Calou, — Heurtaut.
(trois), — Garreau.

CALVAIRE (croix de), — Adam, — Religieuses du Calvaire d'Angers, tome I.

CANARD, — Butler O'Madden, — des Portes.
(deux), — Jaunai.
(trois), — Roger-Ganne.

CANETTE, — de Gréban.
(trois), — de la Bécanne, — Maucourt.

CANNE (une), — d'Availloles, — Longueil.
(trois), — Seguin.

CANNETONS (trois), de la Motte.

CARDE (une), — La Flèche (la communauté des Sergers et Cardeurs de), — Saumur (la communauté des Sergettiers et Bonnetiers de).

CARREAUX (trois), — Leviston, — de Bidouet, — Saumur (la communauté des Peintres, Horlogeurs, etc. de).

CANNE (une), — d'Availloles.

CASSETTES (trois), — de la Becanne.

CASQUE (un), — d'Abbadie, — Bertrand, — Geslin, — de Bellanger, — Huguet, — Lamoureux.

(trois), — Drouet.

CAVALIER ARMÉ (un),.— Hiret.

CEPS (trois), — de Vangeau.

CERF (un), — Les Hôteliers et Cabaretiers d'Angers, p. 56, — de la Boucherie-Lastic, — Brizard, — de Cervon, — Chopin, — Choppin d'Arnouville, — Fauveau, — Fief-Sauvin (le prieuré du), — de la Garde, — Le Bauld, — Le Maçon, — Saumur (la communauté des Fondeurs de).

CERF [TÊTES, RENCONTRES, OU MASSACRES DE], — de Blegny, — Bourré, — de Cadier, — de Cornulier, — de Couetus, — de Daon, — de la Douve, — Fillastre, — de Jarzé, — Javary, — Le Cornu, — du Plessis, — Rougier.

(deux), — de Francbourcher.

(trois), — de l'Aunay, — Bertault, — Bourdigné, — de la Chevière, — de la Chinière, — Lambert, — Le Bœuf.

CERF-VOLANT, — Chopin.

CHABOT (un), — Bascher.

(trois), — Bascher, — Chabot.

CHAINE (une), — Saumur (la communauté des Tonneliers et Empileurs de).

(deux), — de Grasse.

(quatre) — d'Albert.

CHAINETTE DE PIERRES D'OR ET D'ARGENT, v. *Collier*, — Sublet.

CHAISE, — de Chehère, — de Neuchèse.

CHAMPAGNE, — Menard.

CHANDELIER (un), — Martinet.

CHANDELLES (deux), — La Flèche (la communauté des Droguistes, Ciriers et Chandeliers de).

CHAPEAU (un), — Châteaugontier (la communauté des Chapeliers et Corroyeurs de), — Saumur (la communauté des Chapeliers de), — de Torre Cremata.

(trois), — Les Chapeliers d'Angers, p. 53.

(quatre), — Foullon.

CHAPELET (trois), — Duchastel.

CHAPELLE, — Davaud.

CHAPERON (trois), v. *Capuchons*, — Chaperon

CHAPON (trois), — Le Royer.

CHAPPÉ, — La Flèche (les Carmes de), — Lamoureux, — Régnier.

CHAR, — Bellière, — Motet.

CHARBONS (trois), — Rousseau.

CHARDON, — de Menon, — de la Mothaye.

(trois), — du Chastelier

CHARPENTE (une), — Saumur (la communauté des maîtres Charpentiers et Tourneurs de).

CHAT (un), — Pichat, — de Mieulle.

CHAT [TÊTES DE] (trois), — Le Chat.

CHATEAU (un), — Angers (ville d'), — Candé (ville de), — de Castelnau, — Blanche de Castille, — Chasteau, — du Chastelet, — Château d'Orcy, — Châteaugontier (la ville de), — Châteaupanne (le prieuré de), — Le Masson, — Masson, — Maugas, — de Pardaillan, — Periers, — de Pierres, — Prévost, — Rouillé, — Toublanc. — Tours (Assemblée des trois provinces de la généralité de).

CHAT-HUANT (deux), — Jarry.

CHAUDRON (un), — Les Poëliers et Fondeurs d'Angers, p. 58.

(trois), — Chandrier ou Chaudrier, — de Chaudron.

(cinq), — de Beaubigny.

CHAUSSE-TRAPES [ou fers de lances] (sept). — du Plessis-Macé.

(huit), — de Beaumont.

(semé de), — de Bouchet, — de Chemillé.

CHAUVE [têtes de] (trois), Chauvet.

CHEF SEUL (un), — d'Avaugour, — de la Bellière, — Bemmanche, — Bernard, — Binet, — de Bretagne, — Chanexey, — Châteaugiron, — de Chergé, — de Clermont, — de Feugères, — de la Forest, — de la Garde, — de Gouffier, — Housse, — de Maulévrier, — d'Orillé, — Pelé, — Taveau, — de Vaucelles.

CHEF SEUL DENCHÉ (un), — Mareil, — de Milly.

CHEF SEUL DENTÉ, — de Pierrefont.

CHEF SEUL EMMANCHÉ, — Mussidan.

CHÊNE [branche de], — Frubert, — Trouillet.

(deux), — Frubert.

CHÊNE (un), — Allard, — Avril, — de Bailly, — de Bernay, — Bontemps, — de Bournan, — Bucher, — de Chenedé, — Chesneau, — Chotard, — Colas, — Collas, — Gret, — Gaudon, — de la Grandière, — de la Guette, — Le Horeau, — Lormande, — du Rossignol.

CHÊNE [têtes de] (trois), — Boucault.

CHEVAL, — Les Hôteliers et Cabaretiers d'Angers, tome I, p. 56, — de Bourdigné, — Châtel, — de la Chevallerie, — de Lithuanie, — de Marca, — Poulain, — de Saxe.

CHEVAL [tête de], — Arnault, — Le Roy.

(trois), — de la Rouveraye.

CHEVAUX (deux), — de la Chevallerie-Hunault, — Curieux.

CHEVALIER A CHEVAL, — Chevalier, — de Pluvinel.

CHÈVRE [TÊTE DE] (trois), — de Cheveruë.

CHEVREUIL (un), — de Chevreuil, — de la Rue.
(trois), — Tarin.

CHEVRONNÉ, — de la Haie.

CHEVRONNÉ (CONTRE), — de la Haie.

CHEVRON (un), — de l'Abbé, — Allouin, — Amaury, —
— Amis, — Amyot, — d'Aquin, — Arnauld, — d'Arthuys,
— Aubery, — de l'Aubier, — d'Aumont, — Auvé, — Aveline,
— d'Avenel, — Avril, — Bachelot, — Baguelin, — de Ballarin,
— de Ballue, — Balue, — Barangé, — Barbier, — de la Barre,
— de Bauquemarre, — Bautru, — Bavyn, — Bazourdy, —
de Beauclerc, — de Beaune, — de Beauregard, — de la
Beausse, — de la Becanne, — de Béchameil, — Becquet, —
Bellay, — Bellefaye, — Bellefond, — de Belle-Vue, —
Berault, — Beritault, — de Bernay, — de Bertre, — Bidon, —
Bigot, — de Billeheust, — Bitault, — de Bizeul, — de Blavon,
— du Blineau, — Blocquel, — Blondeau, — Blot, — Bodin,
— de Bodio, — Boissineux, — Boiteau, — de Bonnaire, — de
Bonnerrier, — Bonneserre, — Bontemps, — Boreau, — Bossoreille, — Bouan, — Bouet, — la Madeleine de Boumois, —
Boureau, — Bourneau, — Le Boux, — Brecheu, — de Bril,
— de Broise, — Brescheu, — du Breuil, — de la Brosse, —
Brossier, — de Brossin, — de Brussy, — Budan, — Buget,
— Bunault, — Cabaret, — Camasier, — Canays, — Carbon-
nelle, — de Carrières, — Coton, — Cellières (le prieuré-cure
de), — de la Challonie, — de Chantelou, — de Chantepierre,
— Charlot, — Charpentier, — du Chastelier, — du Chêne, —
de Chenedé, — de Chenoux, — Cheret, — Chevillard, —
Chiquesné, — Choart, — Chobart, — Chotard, — Ciette, —
Clausse, — Cochon, — de Coisnon, — de Comines, — Cor-
don, — du Cormier, — de Cornillau, — Cossé, — Cosson,
— Coupel, — Courans, — de Courolles, — Coussin, —
Coustard, — Crespin, — de Crespy, — de Crochard, —
Crosnier, — de Crozé, — Cupif, — Cyret, — de Dampierre,
— Darlus, — Daudier, — Davenel, — Davy, — Delorme,
— Denais, — Deniau, — Desbordes, — Deurbroucq, —
Dolbeau, — de Domagné, — Doublard, — de Dreux, —
Drouault, — Drouet, — Dubellineau, — Dublineau, —
Ducatel, — Duchesne, — de la Dufferie, — Dugast, —

Dugrat, — Dupont, — Dupré, — d'Effiat, — Errault, — de l'Escrivain, — de l'Espinay, — d'Espinay Saint-Luc, — Eveillechien, — Eveillon, — de Falloux, — Favereau, — de Feuquerolle, — Flachat, — Fleuriot, — Foassier, — de la Fontaine, — de Fontaine-Guérin, — de Forbin, — Foucauld, — de Foucault, — Foucault, — Foucher, — Fouier, — Foureau, — Foussier, — Foyer, — Frain, — du Freyzier, — Galais, — Gardeau, — Garnier, — Garreau, — Gaudicher, — de Gaullier, — Gaullier, — de Gazeau, — Gendrault, — Gillier, — Girault, — de Goddes, — Goudault, — Goudon, — Goyet, — de la Grange, — Granger, — du Grat, — de Gréban, — du Grès, — Gresil, — Gresseau, — Grezil, — Guéhery, — Gueniveau, — Guérif, — Guérin, — de la Guesle, — Guibert, — Guilhe-la-Combe, — de Guillot, — Guilmot, — Guinosseau, — Habert, — de Haire, — Hameau, — Heard, — Hector, — Hocquedé, — de l'Hommeau, — Huet, — Jacob, — Jacquelet, — Jarry, — Javary, — Jouanneau, — Jouin, — de Jousseaume, — Jousses, — de Joybert, — Juette, — La Flèche (le Corps des Officiers du Baillage dè), — de Laistre, — Lambert, — de Lancrau, — de Larralde, — de Laurencin, — Le Bascle, — Le Bœuf, — Le Boultz, — Le Breton, — Le Brun, — Le Clerc, — Le Doyen, — Le Faux, — Le Fébure, — Le Febvre, — Le Gaiger, — Le Gascouin, — Le Houx, — Le Jeune, — Le Maire, — Le Merlo, — Le Motteux, — Le Pannetier, — Le Pays, — Le Pelletier, — Le Prestre, — Le Roy, — Lescrivain, — de Léseau, — Le Tourneux, — Levêque, — Levesque, — L'homme, — de Ligny, — Limiers, — Loppin, — Mabille, — de Maliverne, — Maquenon, — Mareau, — Marie, — Marnais, — Martineau, — Maumeschin, — Maumousseau, — Maunoir, — de Mauroy, — de Maynière, — des Mazières, — Meguyon, — Merault, — Meschines, — Midorge, — Mocet, — de Mogas, — de Moncelet, — de Mondomaine, — Monnoir, — de Montortier, — Moreau, — Motet, — de la Motte, — du Moutier, — de Neufville, — Nizon, — de Nogent, — Nouet, — des Noyers, — Oger, — d'Olbeau, — de Paillot, — Pannetier, — Paumier, — Pepin, — Petit, — Petiteau, — du Pineau, — Pinot, — Pinson, — Pissonnet, — du Plessis-Châtillon, — Pocquet, — Poirier, — Poncher, — Porcheron, — de la Porte, — des Portes, — des Préseaux, — de Quentin, — Quetier, — Quinault, — de Quincmont, — Raffray, — Ragot, — de Réli, — Renou, — Reveillé, — Ribault, — Richard, — Richer, — du Rideo, — Rigault, — Riolland, — de la Rivière, — Robert, — de la Rocheferrière, — de la Roche-Hue, — de la Roche-Lambert, — Roguet, —

Rouhet, — Rouillé, — Roullet, — de la Roussière, — de la
Rue, — de Rueau, — de Ruzé, — de Sacé, — Saguyer, — de
Saint-Genys, — de Saint-Gange, — Saint-Paul-du-Bois
(le prieuré-cure de), — de Saint-Remy, — de Salès, —
Salmon, — Saulay, — Savetier, — Seguin, — de Seillons,
— Serezin, — du Serreau, — de la Sicardière, — Sireuil, —
Solimon, — Sourdeau, — Sourdille, — Sureau, — Tarin, —
de Thibault, — Thibergeau, — de Thou, — Thouarcé (le
prieuré de Saint-Jean de), — de la Thibaudière, — Tiercé
(le prieuré-cure de), — de Tigné, — Tildras, — de la Tré-
mouille, — Tripier, — Trochon, — du Val, — Valette, —
Varice, — de Vercel, — Verité, — de Vernon, — de Vernot.

CHEVRONS (deux), — Aubert, — Aveline, — Ayrault, — Babin, —
Beaugendre, — de la Brunetière, — Candron, — Ceissay, —
de la Chapelle, — Chefs (le prieuré de), — de Coulonges, — de
Crissay, — Denis, — Errault, — Fleury, — Fourmont, — de
Gautreau, — Goupilleau, — de la Hunne, — de la Hur-
taudière, — Janneau, — Le Roux, — de Mauviel, — de
Mauriel, — de Negron, — du Plessis, — du Pont-Aubevoye.

(trois), — d'Albret, — Aubin, — Aufray, — d'Auvers,
— Bascher, — de Bassompierre, — Baubigné, — Bau-
doche, — de Bazoges, — Becquet, — de Bellesme, —
de Belzunce, — du Bois-Robert, — Bonfils, — Bonnivet, —
de Brissarthe, — Brisset, — Bussy, — Chaillou, — de Cham-
bellay, — de Châteaugontier, — de la Chenaie, — du Chêne,
— Chopin, — de Clermont, — de Cornillau, — de Craon, —
Crèvecœur, — Deslandes, — Dubrossé, — Duponot, —
Dutertre, — Fournier, — Gendry, — de Girard, — Guaisdon,
Guérin, — Guesdon, — Gury, — de Heurtevent, — Jaulny,
— Jouin, — Joulain, — des Landes, — Le Maire, — Le
Restre, — Le Roy, — de Levys, — Lucas, — de Machecoul,
— de Maillan, — de Mallian, — de Martineau, — de Meaussé,
— de Mergot, — de Montalais, — Petit, — du Plessis, — de
Pontlevoy, — de Raphellis, — de Réli, — de Richaudeau,
— Richelieu (duché pairie de), — Ripoche, — de la Rivière,
— de la Rochefoucault, — de la Roche-Normand, — de
Russon, — de Soucelles, — de Souzelles, — Thomasseau,
— de Thory, — Treton, — de Vage, — Vaige, — de
Varennes, — de la Verderie.

(quatre), — Poitras.

(cinq), — de Beaumont-le-Vicomte, — de la Roche-Normand.

(six), — de Beaucé, — de la Beausse, — de Billé, — de Cleiz,
— Le Métayer, — Metayer.

CHEVRON BRISÉ (un), — de Bienlieu, — du Chastel, — Chauvet.

CHEVRONNÉ, — d'Aché, — de Chamaillart.

CHIEN (un), — Les Jacobins et Dominicains d'Angers, tome I,
p. 48, — Chevreau, — Hubert, — Jacquelot, — de Maubert, —
Teilleul.

CHIEN [TÊTES DE] (trois), — Le Boux.

CHIENS [COUPLES DE], — de Ronsard.
(trois), — de Beaupoil, — Bellalée, — Greteau, — Le Merle.

CHIFFRE (un), — Craon (la communauté des Marchands de), —
Verdier.

CHIFFRES EN LETTRES — (E. C. P.) Chauveau, — (M. F. D. L.)
Couet, — (S. M.) le prieuré de la Magdeleine de Faye, —
(O. M. J.) Guibert, — (P. P. P. P.) Henault, — (G. L. B.) Le
Bloy, — (G. L.) Liniers, — (C. M.) Montault, — (A. S. R.)
Simonneau.

CHOU (un), — Tarin.

CHOUETTES (trois), — de Courson.

CHRISME, — Baudry.

CHRIST, — Flée (le prieuré-cure de Saint-Sauveur de).

CIBOIRES (deux), — Saumur (la communauté des Orfèvres de).

CIERGES (trois), — Les Ciriers d'Angers, p. 54.

CIGOGNE, — Desirard.

CISEAUX (une paire de), — Les Couteliers d'Angers, p. 55, — Les
Fripiers, Revendeurs et Tailleurs d'Angers, p. 56, — Les
Marchands de Toile, Faiseurs de Guêtres, et Blanchisseurs de
Toile d'Angers, p. 60, — La Flèche (la communauté des
Tailleurs d'habits de).

CLEF (une), — Angers (ville d'), — Grand pénitencier, église
d'Angers, p. 43, — Chapitre Saint-Pierre d'Angers, p. 45.
— Bazemont, — Brexey, — Grolleau, — La Flèche (la com-

munauté des Serruriers de), — Saumur (la communauté des religieux de Saint-Florent de).

CLEFS (deux), — Chapitre de Saint-Pierre d'Angers, p. 45, — Le prieuré de Saint-Sauveur de l'Évière-lès-Angers, p. 46, — de la Barre, — Beaufort-en-Vallée (ville de), — Boret, — Abbaye de Bourgueil, — du Breuil, — Châteaugontier (la ville de), — Chemillé (communauté. des Religieuses de Saint-Pierre de), — de Clermont, — Gachet, — Gilart, — Robin, — Saint-Pierre-Maulimart (le Chapitre de la collé- giale de), — Saumur (l'abbaye de Saint-Florent de), — Saumur (le Chapitre de Saint-Pierre de), — Saumur (la com- munauté des Serruriers de).

(trois), — de Grigon,

CLOCHE ou CLOCHETTES, — Nogaret, — de Pardaillan.

(trois), — de Barral, — de Chamberan, — Le Boucher.

CLOUS DE LA PASSION (un), —René d'Anjou, p. 65.

(trois), — d'Amours, — Les Religieuses de Sainte-Catherine d'Angers, p. 50, — de Bellanger, — Grippon, — Lambaré, — — Le Lardeux, — Michel, — Michelet, — Migon.

CLOUS (trois), — de la Crochinière, — de Grudé, — Hiret.

(quatre), — La Flèche (le prieuré de Saint-André de).

COCHON (un), — Allard.

CŒUR (un), — Couvent des Augustins d'Angers, p. 47, — Les Ursulines d'Angers, p. 50, — Les Religieuses de la Visita- tion Sainte-Marie d'Angers, p. 50, — Barbier, — de Bethizy, — Bricel, — Bruneau, — Candé (couvent des Augustines de), — Chemazé (le prieuré de), — du Cormier, — Courdil, — de Donadieu, — Duchastel, — Faissot, — Galais, — de Gau- treau, — Gouin, — de la Haie, — de Henri, — Jarry, — Jean-Marie, — Jolivet, — Joulain, — La Flèche (le couvent des Religieuses de la Visitation de Sainte-Marie de), — La Flèche (les Religieuses de Notre-Dame de), — Lamoureux, — Le Bœuf, — Le Bret, — Le Petit, — Levêque, — Martin, — Massuau, — Melinais (l'abbaye de), — Panneau, — Per- rault, — Petit, — Poupard, — Le prieuré du Puy-Notre- Dame, — Renard, — Saget, — de Saint-Germain, — Saumur (le couvent des Religieuses de la Visitation Sainte-Marie de), — Savetier, — Sireuil, — Tallour, — Tonnelier, — Trochon.

CŒURS (deux), — de l'Aubinière, — Cellières le (prieuré-cure de),
— Daniau, — de Deniau, — Jameron, — Le Restre, —
Perrault.

(**trois**), — Amelot, — Bommier, — Delorme, — Guinosseau, —
Hamelot, — La Flèche (le prieuré de Saint-Jacques de),
— Le Bœuf, — Levesque, — des Préseaux, — de Tour-
neton.

COGNÉE, — Saumur (la communauté des Taillandiers et Faiseurs
de limes de).

COLOMBE (une), — Aimard, — Aymard, — Babin, — Couscher,
— Cyret , — Gaureau , — Jacquereau , — Taulpin , —
Toustain.

(**deux**), — Beritault, — Martin, — Saint-Laurent-du-Mottay
(la prévôté de).

(**trois**), — d'Envrich, — Le Breton.

(**huit**), — Fresneau.

COLONNE, — Chanleis.

(**deux**), — Chassebœuf, — Payneau.

(**trois**), — Boisart, — Bouvery, — Cornuau, — de la Grandière,
— Guinoiseau, — de Jupilles, — de la Porte, — Poyet.

(**quatre**), — Barnabé.

COMPAS, — Saumur (la communauté des Maçons de).

(**trois**), — Le Roux.

CONTREBANDÉ, — Collas.

CONTREFASCÉ, — Morin.

COQ, — Cocquereau, — Craon (la communauté des Rôtisseurs,
Poulaillers, Pâtissiers, etc. de), — Galichon, — Gallian, —
Hardy, — Jallet, — Jau (le fief du), — Le Goux.

(**deux**), — de Gonesse.

(**trois**), — du Bois-Saint-Père, — Capron. — La Flèche (la
communauté des Poulaillers de), — Le Coq, — Prévost, —
Romain.

COQ [têtes de] **(trois)**, — Cossin, — Picault.

COQUILLE (une), — René d'Anjou, p. 65, — de Becdelièvre, de Bragelonne, — Gauld, — Grandet, — Grobois, — Havard, — Jouet, — de Martineau, — Robin, — Roinier.

(deux), — Boreau, — Carbonnelle, — du Fay, — de Haire, — Hervault, — de Marette, — du Mesnil, — de Monbiel, — — Osmont, Pelerin, — Percault, — Poulain, — Trochon.

(trois), — Amaury, — d'Appelvoisin, — Audouin, — Avril, — Bardou, — de la Barre, — Corps des Officiers de Beaufort, p. 133, — Beaugendre, — Belot. — Berault, — Berthelot, — Besnard, — Bigot, — Binet, — de Bodieu, — de Boistelly, — Bordin, — Boureau, — du Bourg, — Buor, — Buret, — Camus, — de Charbon, — de Chatillon, — de Cherbon, — de Choulet, — Combet, — de Comines, — Courans, — de Crochard, — Cuissard, — Dolbeau, — Drouneau, — Favereau, du Fay, — de Foulognes, — Garnier, — Goguet, — Guioché, — Guiteau, — Hocquedé, — Huault, — de la Hunne, — Juchault, — de Larralde, — de Lartigue, — Le Camus, — Le Choulet, — Le Maignan, — Le Male, — Le Picart, — Leriers. — Lisserac, — Louet, — Luillier, — Madré, — Mareschau, — de Meignan, — du Mesnil, — Millasseau, — Mingon, — Montgommery, — d'Olbeau, — Pillot, — Poncher, — de Pouëz, — Prieur, — de la Roche-Hue, — de la Saussaie, — Sireuil, — de Soussay, — Thevin, — Thibergeau, — du Tronchay.

(quatre), — du Bouchet, — de Bournan, — du Clairay, — Fleury, — Gohin, — Le Bret, — Le Clerc, — Le Gay, — Le Maistre, — de la Musse, — de Préseau, — Rabestan, — de la Roussière, — de la Vairie, — de la Varrie, — du Verger.

(cinq), — Barrault, — Beaujouan, — du Bois-Dauphin, — Bourceau, — Boussiron, — du Buat, — Ceissay, — de Chambes, — de Champagné, — de Charno, — de Crissay, — Giffart, — Hue, — de la Jaille, — de Laval, — Le Clerc, — de la Luzerne, — de Montmorency, — Odart, — de la Vaulaine, — du Verger.

(six), — des Arpentis, — du Bois des Arpentis, — de la Frenaye, — Havart, — de la Jaille, — de Montrelays, — Ourceau, — du Plessis.

(huit),, — Michon, — du Plessis.

(neuf), — de Montenay.

COQUILLES (sans nombre), — du Gay, — de Rochereul.

COR, — du Bois des Herbiers, — Boux, — du Chastelet, — Châtel, — de la Lande, — d'Orange.

(trois), — Crosnier, — Dublineau.

CORBEAUX (un), — de Chanteil, — Dongau, — Gedouin, — de Saint-Aubin, — Sireuil.

(trois), — d'Aspremont, — Barré, — Commacre, — Vallain.

CORBEAU [TÊTES DE] (trois), — Bitault, — Cordier.

CORBEILLE, — de la Courbillière.

CORDONS (trois), — de la Faucherie, — de la Foucherie.

COR-DE-CHASSE (un), — de Cornais, — Corvaisier, — de la Lande, — Ogeron, — Salmon, — Saumur (la communauté des Fondeurs de).

(deux), — Benoist.

(trois), — Corzé (le prieuré de), — Geslin, — Gille, — Houdemont, — Le Veneur, — Piolin.

CORMORAN, — de Cormeray.

(trois), — Audebant.

CORNES D'ABONDANCE (deux), — Arthuys.

CORNEILLE, — de Cornillau, — Dugrat, — du Grat.

(trois), — de Cornillau, — de Cornillé.

CORNETS, — de Chemillé, — de Cornais.

(trois), — Bascher, — Blanchet, — Destriché, — Vieil.

COTES (trois), — de la Gouberie.

COTICÉ, — Amenard, — Comtes de Beaufort, p. 135, — Deillon, — d'Escayeul, — d'Ingrande, — de Montrelays.

COTICE (une), d'Avaugour, — de Beaucé, — Comtes de Beaufort, p. 134, — Brossard, — Châtillon, — de Conflans, — Ferrière, — Frezeau, — Gaultret, — de Grasse, — Le Gantier, — de la Marche, — de Quatrebarbes, — Terrail, — de Valette.

COTICES (deux), — de Blois, — de Custine, — de l'Enfant, — de la Faucille, — du Feuilleul, — Jardrin, — Lenfant, — d'Orvaulx, — du Puy-du-Fou, — Varenne-Lenfant, — de Vezins.

(trois), — du Bois de Grey, — de Saint-Loup.

(quatre), — de Bueil, — de Champagne.

(cinq), — Bertons, — du Camp, — Descajeul, — Lenfant, — de la Roussière, — Sauvageau, — de Torchart.

COTTE DE MAILLES, — Aubert.

(trois), — Coteblanche, — Richaume.

COUPE (deux), — Les Orfèvres d'Angers, p. 58.

(trois), — Berruier.

COUPÉ, — Avrillé (le prieuré d'), — de Berney, — du Bois de Maquillé, — Boreau, — Bourgeois, — Boury, — Capron, — Chevrier, — Desvaux, — Durtal (la communauté des avocats de), — Duvaux, — Ernault, — de la Fontaine-Couverte, — Gaullier, — Gaultier, — de Guerrin, — Hamelin, — de Laurans, — Le Blanc, — Léger, — Le Guay, — Levesque, — de Lorraine, — de Maillé, — Marini, — de Mascureau, — de Maubert, — de Meulion, — de Mieulle, — de Montzey, — Pellé, — Pillon, — Rapin-Duchastel, — Robert, — Saumur (la communauté des Marchands de bois et de charbon de), — Saumur (la communauté des Lapidaires et Enchaîneurs de), — Saumur (la communauté des Taillandiers et Faiseurs de limes de), — Valenton, — Valtère, — de Vaudrey, — des Vaux, — de Vendosmois.

COUPERET, — La grande boucherie d'Angers, p. 52, — Doué (la communauté des Bouchers de).

COUPETTE, — du Breuil.

COURONNE D'ÉPINES (une), — Jolly, — Joulain, — La Flèche (le couvent des Religieuses de la Visitation, Sainte-Marie de), — Le Bascle, — Panneau, — Saint-Georges-Chatelaison (la châtellenie de), — Saumur (le couvent des Religieuses de la Visitation Sainte-Marie de), — Saumur (la communauté et le collège des Prêtres de l'Oratoire de Notre-Dame des Ardilliers de).

(trois), — Fallet, — Marie.

COURONNE DE BARON, — Le Comte.

COURONNE COMTALE, — Le Comte.

(trois), — Doublard.

COURONNE DUCALE, — de Thimbrune.

(**trois**), — d'Estampes, — de Mauroi, — de Remefort.

COURONNE A L'ANTIQUE, — de Falsy.

(trois), — du Règne.

COURONNE (une), v. *Laurier*, — Les Prêtres de l'Oratoire d'Angers, p. 49, — Les Religieuses de Sainte-Catherine d'Angers, p. 50, — Les Ursulines d'Angers, p. 50, — Les Religieuses de la Visitation Sainte-Marie d'Angers, p. 50, — de Beaumont, — Blouin, — de Bourdon, — Chauvet, — Le Prestre, — Limiers, — Siré.

(deux), — Les Orfèvres d'Angers, p. 58, — Saumur (la communauté des Orfèvres de).

(trois), — Le Maine d'Angers, p. 42, — Chapitre Saint-Pierre d'Angers, p. 45, — Barbot, — Hautebert, — de Paillot, — du Règne, — Sireuil.

COUTEAU (un), — Châteaugontier (la communauté des Maîtres Mégissiers de).

(deux), — Les Tanneurs d'Angers, p. 59, — Doué (la communauté des Tanneurs, Mégissiers et Corroyeurs de), — Saumur (la communauté des Tanneurs, Corroyeurs et Mégissiers de).

(trois), — Coussard.

CRAPAUDS (trois), — de Gravé.

CRENELÉ, — Motin.

CRÉQUIER, — de Créquy, — des Haies.

CROCHET, — Guermange.

CROISETTE (une). — de Blegny, — du Bois-de-Chambellay, — Chacé (le prieuré de), — Châteaugontier (le Chapitre de Saint-Just à), — Combet, — Davy, — du Freyzier, — Goudault,

— Guérin, — Le Sercillier, — Marsault, — Preciat, — de Vernot.

CROISETTES (deux), — Artuis, — Payneau.

(trois), — Amiot, — Bigot, — Chantelou, — de Chouppes, — de Corsant, — Croisset, — Cuissart, — Éveillechien, — de Morant, — Nepveu, — Papin, — Percault, — Petit, — Renault, — Richer, — de Seillons.

(quatre), — Charles de Sicile d'Anjou, p. 64, — Louis Ier d'Anjou, p. 64, — René d'Anjou, p. 65, — Boussiron, — de Chérité, — Denéchau, — Fruchaud, — de la Grée, — de Jérusalem, — de Mergey.

(six), — de Barbechat.

(huit), — de Maillé, — de Maulévrier.

(neuf), — d'Aubigné.

CROISETTES [semé de], — Abbaye de Saint-Serge d'Angers, p. 46, — La Providence d'Angers, p. 49. — Bainville, — de Brezé, — Cabourt, — de Nassau, — de Paschis.

CROISILLON, — Rattier.

(trois), — Augier.

CROISSANT (demi), — Herbereau.

(un), — d'Abbadie, — Acton, — de l'Ailler, — Allament, — Le couvent de la Fidélité d'Angers, p. 48, — Angier, — René d'Anjou, p. 65, — Aubery, — de l'Aubier, — Auvé, — Aveline, — Bachelot, — Ballan, — Barbier, — Bardin, — Bault, — de Beauclerc, — Beiché, — Berault, — de Bethizy, — de Bizeul, — Blanchet, — du Blineau, — Blondeau, — Blondel, — Blou, — de Boisvilliers, — Boucault, — Bouchard, — du Boullay, — Bourgeois, — de Boussac, — Bouteillier, — de Breslay, — Bruneau, — Brunet, — Bucher, — de Bueil, — de Buzelet, — de la Celle, — de Chabannes, Chantelou, — de la Chapelle, — de Charnières, — de Châteaureux, — de Châteauvieux, — Chenaie, — Cherouvrier, — Chevaye, — Cochon, — de Cornais, — du Coudray, — Coudray-de-Montbault (le prieuré Saint-Jacques du), — Courboulay, — Coustard, — de Crozé, — Daniau, — Daudier, — de Deniau, — de la Dieuzie, — Dolbeau, — Douart, — Douineau, — Dubellineau, — Duchastel, — Dugast, — Dugrat, — Dupont, — Dutour, — Errault, — d'Espaux, — de l'Espinay, — d'Estampes, — de l'Estoille, — Faissot, —

de Falloux, — Foassier, — de Foucault, — Foucault, — Fouché, — Fournier, — Frain, — Fromageau, — Garnier, — du Gats, — Gaudicher, — Gaudon, — de Gaullier, — Gaultier, — de Gautier, — Gehier, — Germain, — Goguet, — Gouin, — Goupil, — Goupilleau, — Goureau, — du Grat. — Grimaudet, — Grosbois, — Gueniveau, — Guérin, — Guiet, — de Guillot, — Guyet, — de la Haie—Montbault, — Havard, — Hector, — Henriet, — Herbereau, — d'Ingrandes, — Jamin, — de Jassault, — Jouanneaux, — de Joybert, — de la Lande, — Lanniel, — — Le Blanc, — Le Breton, — Le Clerc, — Lefébure, — Le Febvre, — Le Gauffre, — de Lenoncourt, — Le Pelletier, — Le Porc, — Le Tourneux, — Levêque, — Mabit, — Marion, — de la Marqueraye, — de la Marre, — Maumousseau, — Maupassant, — Mayaud, — Megret, — de Menon, — de Moncelet, — de Montortier, — de la Motte—Ferchault, — Neau, — d'Odespung, — d'Olbeau, — d'Orange, — d'Orléans, — Osmont, — Percault, — Picault, — Pitard, — Plouet, — Pocquet, — Poirier, — de la Porte, — Poullard, — Prieur, — du Puy-du-Fou, — Quinquet, — Ragot, — de Rancé, — Rattier, — Ribier, — Richard, — Ricordeau, — Rouillé, — de Rouillon, — Roullet, — Roullin, — de Sanglier, — Saumur (la communauté des religieux de la Fidélité de), — Savetier, — de la Selle, — Sireuil, — Sourdeau, — Sourdille, — Tanquerel, — Tarin, — Thoaynon, — Trochon, — de Vaux, — du Verdier.

CROISSANTS (deux), — Alluneau, — de l'Angelerie-Laneau, — Abbaye de Saint-Aubin d'Angers, p. 46, — Aveline, — Avril (Julien), — de la Barre, — de Bonnaire, — Bossoreille, — Bourré, — Cassin, — Chauvel, — Cornuau, — Deniau, — du Fay, — Fleury, — de la Grandière, — Guichon, — Guilmot, — de Jarzé, — Joubert, — Lambert, — Martin, — Millet, — Missolier, — de la Motte, — de Perrochel, — Perrot, — du Plessis, — Raffray, — Thibeaudeau, — Thomas.

(trois), — André, — Augier, — Aubert, — Aubin, — Baraschin, Barjot, — Becquet, — Beranger, — Berthelot, — Blanvillain, — Camus, — de Cerisay, — de Chailleu, — de Chalus, — Charlot, — Châtillon, — Chefs (le prieuré de), — Chotard, — du Cormier, — Cosson, — Courtin, — Crosnier, — Daudier, — Espivent, — Fouier, — Foyer, — Franquetot, — Gaullier, — Gouezault, — Guérif, — Guérin, — Haran, — de l'Hommeau, — de Launay, — L'Avocat, — Le Gouz, — Lunéville, — Maillard, — Mayaud, — de Menon, — de Millaud, — Milon, — Perrin, — Pillot, — Poitraz, —

Rigault, — Robin, — Serezin, — Taupier, — de la Vallée, — de Vernon.

CROISSANTS (quatre), — du Chemin, — La Flèche (le prieuré de Saint-Thomas de).

(six), — de Ravenel.

CROISSANTS [semé de], — d'Anglure, — de la Barre, — du Pont.

CROIX (une), v. *Calvaire*, — d'Albon, — d'Anast, — d'Andigné, — d'Andrezé, — Angebault, — Angers (Évêché d'), — Angers (Chapitre Saint-Jean-Baptiste d'), — Angers (abbaye de Saint-Serge d'), — Angers (les Carmélites d'), — Angers (les Cordeliers d'), — Angers (les Jacobins et les Dominicains d'), — Angers (les Pénitents d'), — Angers (la Providence d'), — Angers (les Récollets d'), — Angers (les Religieuses de Sainte-Catherine d'), — Angers (les Religieuses de la Visitation Sainte-Marie d'), — Angers (les Orfèvres d'), — Angers (les Teinturiers d'), — Anjou (Charles de Sicile d'), — Anjou (Philippe de Sicile, comte d'), — Anjou (Louis Ier d'), — Anjou (René d'), — d'Annebault, — d'Aplaincourt, — d'Aspremont, — Autel, — Aviré (le prieuré de), — Bagneux (le prieuré de), — Barbier, — Barguin, — Barnabé, — Barrault, — de la Beraudière, — Bernabé, — de Bignon, — de Blanes, — de Blavon, — du Bois-Dauphin, — du Bois de Chambellay, — Bois-Gontier, — de Bois-Montbourcher, — Boissard, — Boissière, — de Bomez, — Bourceau, — Boussiron, — de Bruges, — de Carbonnier, — de Chalus, — de Chambes, — de Chambley, — de Champagne, — de la Chapelle, — de la Chapelle Rainsouin, — de Charno, — Châteaugontier (le Chapitre de Saint-Just à), — Chevalier, — Choiseul, — de la Clef, — de Coisnon, — Compagnon, — de Constantinople, — de Cornulier, — de Cossé-Brissac, — de Coulaines, — de la Coustardière, — de la Croix, — de Damas, — Dartois, — Daviau, — Dompmartin, — Doublard, — Dreux, — Dubois, — Dubré, — de la Dufferie, — Dumans, — Dumenil, — de l'Épinay-Barbier, — Espinal, — de l'Estoille, — du Fay, — de Feschal, — Fleury, — de la Fontaine, — Fortin, — Foucher, — Foullon, — Fulgence, — Gaing, — de Galeway, — Gallian, — Gasneau, — Gasteau, — Gaultier, — Girard, — Gohin, — de Gonzague, — Goupil, — Gourdon, — Guibert, — Hataucourt, — Henault, — Herbeviller, — Hervault, — Hurault, — Jacob, — Jarzé (le Chapitre de l'église paroissiale de), — Jean-Marie, —

Jolly, — Joubert, — de Juigné, — La Flèche (le couvent des Religieuses de la Visitation de), — La Flèche (le prieuré de Saint-Thomas de), — La Flèche (les Pères de la doctrine chrétienne de), — La Flèche (la communauté des Tisseurs et Filassiers de), — Lair, — de Laval, — Le Breton , — Le Clerc, — Le Comte, — Lefébure, — Lefort, — Le Gris, — Le Houx, — Le Roux, — Le Vayer, — Le Voyer, — Lille, — Lirot, — de Margadel, — Marillet, — de Mas, — Maunoir, — Meliand , — Menard, — de Mieulle, — Millé, — de Montaigne, — de Montmorency, — de Montplacé, — Montreuil-Bellay (la ville de), — Montsoreau (la ville de), — de Mortagne, — Museau, — de la Musse, — Nicolas, — Normand, — de la Noue-Briort, — Odart, — Ollivier, — Orthion, — Panneau, — Pantin, — Paysan , — Perray-Neuf (le couvent des religieux Prémontrés du), — du Petit, — Phelippeau, — de Pierredame, — de Pincé, — du Plessis, — d'Argentré, — Poisson, — Poncher, — de Pontoise, — Pontrouaud, — Rabestan, — Raffray, — Rangot, — Regnier, — Remondin, — Reveillé, — Richard, — de Rigné, — Rogues, — Saumur (le couvent des Religieuses de la Visitation Sainte-Marie de), — Sauvaing , — Savary, — de Savoie, — de Savonnières, — Sebille, — Siré, — Tandron, — de Terves, — Tigeon, — de Torre-Cremata, — de la Vairie, — de Vaix, — de la Varrie, — Vauboisseau, — Vaucouleur, — du Verger, — Verger (la communauté des Chanoines réguliers de la congrégation de Sainte-Croix du).

CROIX (deux), — de Becdelièvre, — Berault, — Garreau, — Nogaret, — Raschi.

(trois), — Bardoul, — Boppart, — Bessonneau, — Binet, — de Boumois (la Madeleine de), — d'Enghien, — Jameron, — Le Petit, — Mafilastre, — Montreuil-sur-Maine (le prieuré de), — des Romans.

(quatre), — de Blon, — Saugé-aux-Moines (le prieuré de), — de Savonnières.

(six), — Abbaye de Touraine d'Angers, p. 47, — de Bueil.

CROIX (double), — de Lithuanie.

CROIX ALAISÉE (une), — Beaupréau (Chapitre Sainte-Croix de), — Essarts (le prieuré-cure des) , — Haton, — Jamin, — Jubert, — La Flèche (le couvent des Religieuses de Saint-François de), — Montault, — Poitraz, — Quatrebœuf, — Richer.

CROIX ANCRÉE (une), — d'Aubusson, — Augier, — Avoir, — Babin, — de Bailly, — Baudry, — de Beaudemont, — Berlay, — de Blocé, — Boguais, — de Bois-Jourdan, — Bonnin, — Bouet, — de Bouillé, — de la Chastre, — Château-du-Loir, — de Château-Fromond, — Chaumejan-Forille, — de Cherpin, — Chevrier, — Cholet (le Corps des Officiers du grenier à sel de), — Chotard, — Claveau, — Couzan, — de Cremille, — Delalande, — Esnault, — de Gautier, — Gellent, — Grolleau, — de la Jumellière, — Lamoureux, — de la Lande, — Le Gagneur, — de la Luzerne, — Malberg, — de la Motte, — Pasquier, — Pauvert, — Pontrouaud, — Saint-Georges-Châtelaison (la chastellenie de), — de Saint-Phal, — Siochan, — Thibault, — Venbuzelar.

(**trois**), — Bontemps, — de Neufville, — Ribault.

CROIX ANCRÉE ET TRÉFLÉE (une), — Berlay.

CROIX BOURDONNÉE (sept), — de Beaupréau.

CROIX CLÉCHÉE (une), — Théard.

CROIX DANCHÉE (une), — Estournel.

CROIX DE LA LÉGION D'HONNEUR, — Desmazières, — Menard.

CROIX DE MALTE (demi), — Herbereau.

(**une**), — Jacquereau, — Le Bloy, — de Maillet.

(**trois**), — Nepveu.

CROIX DENTÉE (une), — Perotteau.

CROIX DENTELÉE (une), — de Coupuray, — Ferchault, — de Fouquereau, — Gesté (le prieuré de), — du Gué, — Le Clerc, — du Plessis, — Ragot.

CROIX DE PROCESSION (deux), — de Becdelièvre.

CROIX ÉCHIQUETÉE (une), — d'Antremont, — Chauvel, — de la Perrière.

CROIX ENDANTÉE (une), — Hérault.

CROIX ENGRELÉE (une), — Baugé, — du Boschet, — de la Colletière, — de Daillon, — de Giffart, — Hue, — Le Clerc, — de

Lenoncourt, — Lugray, — Du Mas, — Morlot, — Noyer, — d'Odespung, — Pélerin, — du Plessis, — Poulain, — Reigher-Fleit, — de la Rivière, — Saumur (la communauté des Orfèvres de), — de Schomberg.

CROIX ENGRELÉE ET ALAISÉE (une), — Léger.

CROIX ÉTOILÉE (une), — Crépin.

CROIX FLEURDELISÉE (une), — Babinard, — Gauvin, — de Saint-Lambert, — de Vexel.

(trois), — de Saffre.

CROIX FLEURONNÉE (une), — Babin, — de Bazoges, — Beiguier, — Boucault, — Courtis, — d'Esperon.

(trois), — Bayer,

CROIX FLORENCÉE (trois), — Safray.

CROIX FRETTÉE (une), — de Broise, — des Chenets, — Cholet (la ville de), — d'Haissonville, — du Tour.

CROIX NILÉE (une), — Baudimant, — de Bueil, — de Conquessac, — de Criquebœuf, — de Valette.

(trois), — Mareschau,

CROIX PATTÉE (une), — Apault, — d'Argentré, — Armeneau, — d'Aubigné, — d'Aubusson, — Audebant, — de Barral, — Baudriller, — Bazourdy, — Beaufort (comtes de), — Bosso-reille, — de Bourgueil, — de Bournan, — Bridier, — de Brissac, — Cesbron, — du Chemin, — Cherbonneau, — du Clairay, — de Clervaux, — de Cominges, — de Courault, — Coustard, — de Cumont, — Davy, — Dorval, — Eslys, — Gennes (le bourg de), — de la Grévelais-Chotard, — Hacant, — Herbereau, — de la Jumellière, — Le Pelletier, — de Montours, — de Montsoreau, — de Moré, — du Mortier, — d'Orval, — de la Roche-Tabuteau, — Sainte-Croix, — Savary, — de Savonnières, — Tallour, — de la Troche.

(trois), — Asselin, — Bardin, — Bellanger, — Bitault, — du Bois d'Argonne, — de Charnacé, — de Cumont, — Denezé (le prieuré-cure de), — Dubois, — de l'Écheneau, — Fallet, · — de Giraud, — de la Guinemoire, — Gueniveau, — de la Guinemore, — de la Guiprouère, — de Jousseaume, — Le Roux, — Mareschau, — Pocquet, — Prévost.

(sept), — de Baraton, — Chabot, — de Meulles.

CROIX PATTÉE ET ALAISÉE (une), — de Houllières, — Picores, — de Pierres, — de Tigné.

CROIX PLEINE (une), — Auvé, — Bemont, — d'Haraucourt.

CROIX POMMETÉE (une), — d'Ardenne, — Gohin, — Guinoiseau.

CROIX POTENCÉE (une), — Belin, — de la Grée, — de Jérusalem, de Mergey, — Pean.

(trois), — Javary.

CROIX RECROISETTÉE (une), — du Bois-Cornu, — Château-gontier (le couvent des Religieuses hospitalières de la ville de).

(trois), — Lejeune, — Le Tellier, — Pazzi. — Deszerée.

CROIX ROCHETÉE (une), — de Choulet, — Le Choulet.

CROIX TRÉFLÉE (une), — Butler O'Madden, — Gohin, — de la Haie, — Joulain.

(trois), — du Pont.

CROIX [SEMÉ DE], — René d'Anjou, p. 65, — de Bar-Lorraine, — de Chenedé, — da Commercy, — de Dombasle, — Précigné, — Saint-Georges-Châtelaison (la châtellenie de).

CROSSE (une), — L'Anjou, — Chapitre Saint-Julien d'Angers, — Chapitre Saint-Maimbeuf d'Angers, — Abbaye de Toussaint d'Angers, — Brion (le prieuré de), — Perray-Neuf (abbaye du), — Ratouis, — Saumur (la communauté des Religieux de Saint-Florent de), — Soulaines (le prieuré de).

(deux), — Chapitre Saint-Maimbeuf, — Chapitre Saint-Pierre d'Angers.

(trois), — Chapitre Saint-Maimbeuf d'Angers, — de Grésille.

CROUSILLES, v. *Coquilles*.

CRUCIFIX, — Fontevrault (la communauté des Religieux et Religieuses de l'abbaye de).

CYGNE (un), — Babaud, — Blanchard, — Blanchet, — Boureau, — Bridiers, — Croisset, — Dupont, — de l'Espine, — Guinosseau, — Harrouard, — Jarry, — de la Lande, — Le

Bœuf, — Le Jeune, — Ollivier, — Pellé, — Quirit, — Savetier, — Trochon, — du Vau.

CYGNE (trois), — Davy, — Durson, — de Laistre, — Marquariteau, — Minier, — de Morant, — Nepveu, — Simon.

CYGNE [TÊTES DE], (trois), — Cochard.

D

DOUÉ [VILLE DE].

DAIM (un), — Mondain.

DAIM [TÊTES DE] (trois), — Bouchard-Daim, — de Daon, — Le Gras.

DAIM COURONNÉ [TÊTES DE], — d'Arménie (les rois).

DARD, — Baudard, — Bodard, — Darlus.

DARD [POINTES DE] (quatre), — Siochan.

DAUPHIN (demi), — Poisson.

(un), v. Barbeaux, — Budan, — de Bueil, — Nepveu, — Poisson, — du Puy-du-Fou, — Le Chapitre royal du Puy-Notre-Dame, — de Quelus, — de Sarron.

(deux), — Avoir, — de la Beraudière.

DAUPHIN [TÊTES DE] (deux), — de Santo-Domingo.

(trois), — Aubery, — de Rochetaillé.

(cinq), — de la Rivière.

DENT, — Budan.

(trois), — du Gras.

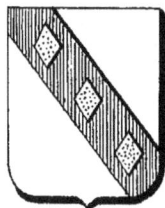

de la Saussaie

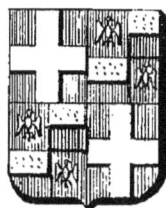

Honorat de Savoie

de Savonnières

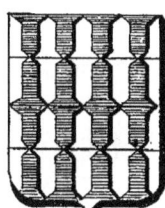

de Scepeaux

de Schomberg

de Schramm

Segrë
(Ville de)

Seguin

Seiches
(Prieuré de)

de la Selle

de Senot

de Sevigné

Sigonneau

Siochan
de Kersabiec

de Soland

Sorhoet

Soulaines
(Prieuré de)

Sourdeau
de Beauregard

Sublet

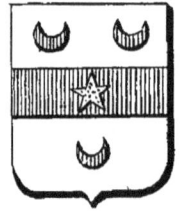

Taupier

de Terves

de Tessé de Mergot

Testu

Thevin

Thomas de
Jonchères

de Thou

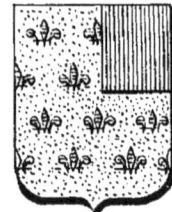

de Thouars

Tiercé
(Prieuré de)

de Tinteniac

de Tonnerre

de la Tour d'Auvergne

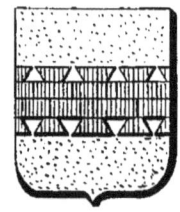

de la Tourlandry

de Tournon

de Tredern

Trélazé
(Prieuré de)

Tremblier
de la Varenne

de la Trémouille

de Trèves

Trèves
(Prieuré de)

Tripier
de   Lozé

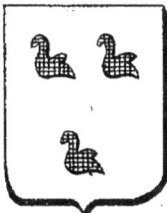

Trochon
de la Théardière

Turpin
de   Crissé

Ulmes
(Prieuré des)

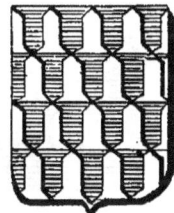

de Vair

Valette
de Champfleury

Vallet

de Valory

de Varennes

de Varennes

de Vasse

du Vau

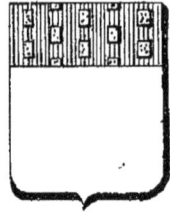
de Vaucelles

de Vaudemont

de Vaudetar

de Vaugirault

de Vaux

de Vansay

Veillon

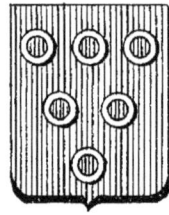
de Vergonne

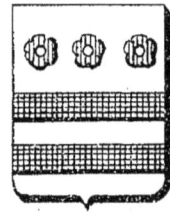
Vérité

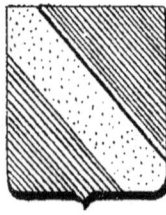
de Vern

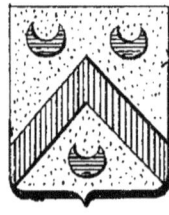
de Vernon

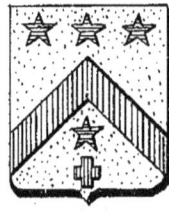
de Vernot
(de Jeux)

Verron
(Prieuré de)

PRINCIPALES ABRÉVIATIONS USITÉES DANS L'ARMORIAL

P. Anselme. — La science héraldique, 1675, in-4°. — Histoire généalogique de France, 9 vol. in-fol., 1726.

Armorial mss. de 1608. — Dans le recueil mss. 995 de la Bibliothèque d'Angers.

Audouys, mss. 994. — Armorial du xviii° siècle, mss. 994 de la Bibliothèque d'Angers.

Ballain. — Annales d'Anjou, mss. 867 de la Biblioth. d'Angers.

Beauchet-Filleau. — Dictionnaire général du Poitou, 1849-1854, 2 vol. in-8°.

Bruneau de Tartifume. — Angers, mss. 871, à la Bibl. d'Angers.

Carré de Busserolle. — Armorial de Touraine publié en 1867, in-8°.

Cauvin. — Armorial du Maine, publié en 1843, in-18. — Supplément par M. de Maude, 1860, in-12.

Chevaliers du Saint-Esprit. — Mss. E. 285. au Prytanée militaire.

De Courcy. — Armorial de Bretagne, publié par Potier de Courcy en 1862, 2° édition, 3 vol. in-4°.

D. P. — Note communiquée.

Dumesnil. — Armorial de Dumesnil d'Aussigné, xvii° siècle, dans le recueil mss. 995 à la Bibliothèque d'Angers.

Gaignières. — Armor. mss. de Gaignières, à la Biblioth. nationale.

Gencien. — Armorial (attribué jusqu'ici à Gohory) dressé par Gencien d'Érigné, xviii° siècle, mss. 996 de la Bibl. d'Angers.

D'Hozier mss. — Armorial général officiel dressé de 1696 à 1706, mss. de la Bibliothèque nationale, — généralité de Tours (à moins d'indications contraires).

La Chesnaye-des-Bois. — Dictionn. de la noblesse. édit. de 1869, 15 vol. in-4°.

Lehoreau. — Cérémonial de l'église d'Angers, 1692-1720 mss. à la bibliothèque de l'Evêché d'Angers.

Louvan Geliot. — La vraie et parfaite science des armoiries, in-fol., 1664.

Mss. 14. — Généalogies angevines, 1666, originaux du cabinet des titres, à la Bibliothèque nationale.

Mss. 439. — Maintenue de la noblesse de la généralité de Tours, en 1666, mss. à la Bibliothèque nationale.

Mss. 703. — Arm. mss. d'Anjou du xviii° siècle, Bibl. nationale.

Mss. 972 et 983. — Arm. mss. de Gohory, 1608, Bibl. nationale.

Mss. 993. — Collection de notes héraldiques, recueil de la Bibliothèque d'Angers.

Mss. 995. — Armor. mss. du xvii° siècle, à la Biblioth. d'Angers.

Mss. 999 à 1001. — Armoriaux des chevaliers du Croissant, xvii° siècle, à la Bibliothèque d'Angers.

Mss. d'Orléans. — Armorial d'Anjou, dressé en 1698, mss. à la Bibliothèque d'Orléans.

Ménage. — Histoire de Sablé (première partie), 1683.

C. Port. — Diction. de Maine-et-Loire, 3 vol. in-8° (1869-1878).

Roger, mss. — Rôle des nobles, écrit par B. Roger au xvii° siècle, mss. 995 de la bibliothèque d'Angers.

Sainte-Marthe. — Histoire généalogique de France, 2 vol. in-fol. 1628.

Sceaux. — Sceaux d'après les empreintes ou les matrices.

Versailles, croisades. — Peintures de la salle des Croisades. palais de Versailles.

www.ingramcontent.com/pod-product-compliance
Lightning Source LLC
Chambersburg PA
CBHW070907280326
41934CB00008B/1615